북경 자전거

스크린 속의 중국어 학습

Beijing Bicycle

북경 자전거

스크린 속의 중국어 학습

(十七岁的单车)

林永澤 譯

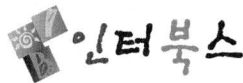
인터북스

머리말

1980년대 대학시절, 그 때는 아직 중국 대륙과 수교를 맺기 전이었다. 중문학도로서 중국어를 잘 하고 싶은 열망에 늘 사로잡혀 있었던 나에게 당시의 '영웅본색(英雄本色)'이나 '첩혈쌍웅(牒血雙雄)'같은 홍콩 느와르 영화들은 대륙의 표준어가 아닌 광동어 대사였기 때문에 별다른 매력을 주지 못했다. 또한 본래 무협소설류를 좋아하지 않던 나에겐 교체하지도 않는 탄창에서 끝없는 탄환을 내뿜어주던 가공할만한 권총의 위력은 허구 그 자체였을 뿐이었으며, 영화 속에 비쳐지는 갖은 음모와 배신, 그리고 이어지는 허무는 필자의 영화 감상 기호에도 도대체 호소력을 갖지 못했었다.

리얼리티를 기반으로 잔잔한 휴머니즘을 그려낸 영화를 고대했었던 나에게 '붉은수수밭(紅高粱)'을 시작으로 '국두(菊豆)', '홍등(大紅燈籠高高挂)'으로 이어지는 장이머우(張藝謀) 감독의 영화들은 중국의 근현대사에 무지했었던 나에게 그들의 암울했던 시대상을 함축하여 보여주며, 나로 하여금 중국영화의 세계로 빠져들게 하였다. 덕분에 나는 영화를 통한 중국어 공부를 열심히 하게 되었고, 어느 날 TV에 방영되던 영화 '홍등'의 대사를 카세트테이프에 녹음하여 요즘 젊은이들이 MP3 음악에 심취하듯 거의 매일 등하교 길에 듣고 다녔다.

약 100번 이상 들으면 대사의 내용을 상당 부분 알아들을 수 있으리라 기대했던 나는 이내 자괴감에 빠져버렸고, 누가 좀 영화 대사를 정리해놓은 자료가 없는가 하며 애타게 찾아보기도 하였다. 그러나 당시는 아직 인터넷이라는 소통의 도구가 없던 시기였으니 영화의 대사를 어디서 구할 수 있었으랴!

  몇 해 동안 강단에서 스크린중국어를 강의하며, 학생들에게 늘 강조하여 말하곤 한다. 정보매체의 홍수 속에 원하는 자료는 모조리 찾아낼 수 있는 이 행복한 시대를 왜 효과적으로 누리지 못하느냐고…. 마음만 먹으면 영화의 동영상과 자막 파일을 구해 이어폰으로 밤낮 없이 들을 수 있는 환경은 어학도들에겐 참으로 매력적인 세상임에 틀림이 없다. 다만, 자력으로 공부하기엔 다소 어려운 부분들이 있고, 특히 난이도 있는 어휘나 문법설명을 필요로 하는 부분들에 대해서는 해설적 성격의 교재가 필요함을 절감했었다. 과거 여러 출판사를 통해 나왔던 중국영화 해설서들은 중국어를 가르치고 배우는 데 있어 참으로 많은 편의를 제공해 준 것이 사실이다. 여러 교재를 이용하여 중국어 수업을 하던 중, 몇 해 전 흥미있게 보았던 '북경자전거(十七歲的單車)'의 대사를 텍스트파일로 만들었고, 내친 김에 번역을 하고 문법설명을 달아 수업시간에 활용해 보았다. 딱딱한 내용의 수업보다는 함께 중국영화를 보며 대본을 독해하고, 영화의 내용에 대한 토론을 통해 학생들과 여러 가지 감상과 의견들을 교환하는 일은 참으로 즐거운 일이었다. 그리고는 몇 년이 지난 어느 날, 수업자료로 활용했었던 대본을 꺼내보니 그냥 버리기에는 아깝다는 생각이 들어 부끄럽지만 간단한 교재로 출간해보기로 했다.

영화 속의 주옥같은 대사들은 우리의 실제 언어생활 속에 살아 숨쉬는 말들이다. 열심히 듣고 따라 읽으며 암기하면 이보다 더 좋은 어학교재는 없을 것이다. 중국과의 수교가 올해로 20년째를 맞았다. 그동안 중국 영화계의 거장들이 만든 뛰어난 영화들이 한국에서 많이 개봉되었지만, 국제영화제에서의 수상에 비하면 국내에서는 흥행에 그다지 좋은 성적을 거두지는 못한 것 같다. 중국영화의 수준은 대단히 높지만 여러 가지 요인들로 인해 국내에서는 비교적 저평가된 점이 여러모로 아쉽다고 할 수 있는데, 중국어학도는 물론 일반인들도 앞으로는 중국영화에 좀 더 관심을 가져야 할 필요가 있을 것으로 본다. 영화는 시대와 문화를 대표하는 얼굴이기에, 영화를 통해 상대 국가와 민족의 생활상을 이해하고 그들 사고의 단면을 좀 더 세밀하게 엿볼 수 있으며, 진정한 문화 교류의 장이 이를 통해 열릴 수 있기 때문이다.

'북경자전거(十七歲的單車)'는 2001년 제51회 베를린 영화제에 출품된 신진감독 왕샤오쇠이의 작품이다. 당시 영화제의 주목을 받는 다크호스로 부상했지만 안타깝게도 경쟁부문 본선에서 수상을 하지는 못했다. 그러나 평단에서는 좋은 평가를 받아 차세대 중국영화계를 이끌 신진감독의 작품으로 큰 주목을 받았다. 이 영화는 한 시골 청년 샤오꾸이가 수도 베이징에 와 아르바이트를 하며 겪게 되는 에피소드를 이야기한다. 어렵사리 퀵서비스회사에 취직을 하고, 회사에서 내 준 배달용 자전거로 열심히 일을 하며 이 자전거를 자신의 소유로 만들기 위한 눈물겨운 생활이 시작되지만, 어느 날 자전거를 도둑맞게 되면서 영화는 흥미진진한 갈등의 세계로 들어가게 된다. 비슷한 또래 도시에 거주하는 또 다른 청년 샤오지엔은 아버지의 돈을 훔쳐 중고 자전거 한 대를 구입하며, 이를 통해 친구들과의 우정을 쌓아가고 한편으로는 예쁜 여자친구와 한창 연애에 눈을 뜨게 된다. 샤오지엔은 훔친 돈으로 구입한 자전거를 자신만의 장소에 몰래 숨겨오며 긴장의 하루하루를 보내게 되는데, 반면 샤오꾸이는 자신의 자전거를 찾으려 험난한 도시의 거리를 매일 헤매고 다닌다. 실의에 가득 차 도시를 방황하던 어느 날, 샤오지엔의 중고자전거가 바로 자신이 도난당한 자전거라는 것을 우연히 발견하게 된 샤오꾸이는 이를 다시 쟁취하기 위한 처절한 싸움을 시작한다. 서로 한 치의 양보도 할 수 없는, 자전거를 향한 애타는 마음으로 두 사람은 결국 서로 간의 타협점을 찾게 되는데, 이들의 불편한 약속이 지속되던 어느 날, 사건의 종말은 결국 의외의 방향으로 치닫게 된다.

壬辰年 새해 聖柱山 기슭에서

林 永 澤

十七岁的单车(Beijing Bicycle)

吉光电影有限公司

导演：王小帅

演 员

小贵(郭连贵)..........	崔林	小坚......................	李滨
红琴......................	周迅	潇潇......................	高圆圆
大欢......................	李爽	小坚父..................	赵毅维
小坚母..................	庞燕	蓉蓉......................	周芳菲
快递公司经理........	谢荐	会计......................	马育红
螳螂......................	刘磊	秋生......................	李梦男
小坚同学..............	李坚	小坚同学..............	张阳
小坚同学..............	王育忠	小坚同学..............	惠维
大欢同伙(Rider).....	纪华	大欢同伙(Rider).....	张宇
大欢同伙(Rider).....	任厚刚	潇潇同学..............	张蕾
潇潇同学..............	王燕	潇潇同学..............	常佳音

参加演出：刘景毅、庄庆宁、黄博、陈方含、傅鹏、李振华

용어해설

- 몡 : 명사
- 톙 : 형용사
- 젠 : 전치사
- 갑 : 감탄사
- 대 : 대명사
- 뮈 : 부사
- 조 : 조사
- 量詞 : 양사
- 동 : 동사
- 상 : 상태형용사
- 젭 : 접속사
- 문 : 문법설명

북경 자전거

원문 ▸▸

Beijing Bicycle

01

会计： 你多大了？
Nǐ duō dà le?

小伙子1： 我十九¹⁾。
Wǒ shíjiǔ。

会计： 从哪儿来啊？
Cóng nǎr lái ā?

小伙子2： 山西的。
Shānxī de。

---

1) 전형적인 '명사술어문'으로서 명사성 어구 '十九'가 문장 속에서 술어로 사용됨.

会计： 山西什么地儿2)啊？

　　　　Shānxī shénme dìr ā?

小伙子2： 西阳县。

　　　　Xīyángxiàn。

会计： 什么地儿？

　　　　Shénme dìr?

小伙子2： 西阳县。

　　　　Xīyángxiàn。

小伙子3： 嗯3)，河北衡水。

　　　　Ng, héběi héngshuǐ

会计： 你在家做什么事儿？

　　　　Nǐ zài jiā zuò shénme shìr?

小伙子4： 嗯，在老家……，种地4)…，上班5)…。

　　　　Ng, zài lǎojiā……, zhòngdì…, shàngbānr…。

小伙子5： 主持6)。

　　　　Zhǔchí

---

2) 地儿(dìr): ⑲ 지방, 지구, 장소 =[地方]

3) 嗯(ng): ㉑ 1.ngˊ: 응? (의문의 뜻을 나타냄) 2.ngˇ: 엉! 흥! (의외, 불만, 반대의 의미) 3.ngˋ: 예! 응! (승낙의 뜻)

4) 种地(zhòngdì): ⑱ 농사짓다, 경작하다.

5) 上班(shàngbānr): ⑤ 출근하다, 근무하다, 당번근무를 하다. ⇔ [下班]

6) 主持(zhǔchí): ⑤ 1.주관하다, 주재하다. ~人: 주최자, 진행자, 사회자 2.주장하다. 지지하다.

会计: 做什么？

Zuò shénme?

小伙子5: 主持。

Zhǔchí

会计: 什么主持啊？

Shénme zhǔchí ā?

小伙子5: 嗯，节目主持。

Ng, jiémù zhǔchí.

会计: 你来北京多久了？

Nǐ lái běijīng duōjiǔ le?

小伙子6: 一个月。

Yíge yuè.

小伙子7： 去年，去年九月份来的。

　　　　　Qùnián, qùnián jiǔyuèfēn lái de。

会计： 一直都在北京干吗？

　　　　Yìzhí dōu zài běijīng gàn ma?

小伙子3： 嗯。

　　　　　Ng。

会计： 做什么工作？

　　　　Zuò shénme gōngzuò?

小伙子3： 嗯，工地7)。

　　　　　Ng, gōngdì。

小伙子4： 建筑，种地，嗯……打工8)。

　　　　　Jiànzhù, zhòngdì, ng……dǎgōng。

小伙子8： 医疗器械9)。

　　　　　Yīliáo qìxiè。

会计： 会不会骑自行车？

　　　　Huìbuhuì qí zìxíngchē?

小伙子6： 会。

　　　　　Huì。

---

7) 工地(gōngdì): 명 (작업, 공사)현장. 건축~
8) 打工(dǎgōng): 동 =做工 1.일하다, 노동하다. 2.아르바이트하다. ~赚学费
9) 器械(qìxiè): 명 1.기계, 기구(기구) 2.무기(武器)

会计 : 叫什么？

Jiào shénme?

小贵 : 郭连贵。

Guōliánguì。

小伙子1 : 快递公司10)？

Kuàidì gōngsī?

会计 : 对！

Duì!

小伙子1 : 不知道。

Dù zhīdao。

小伙子5 : 不太清楚。

Bútài qīngchu。

会计 : 你一个月挣多少钱11)？

Nǐ yíge yuè zhèng duōshao qián?

小伙子5 : 嗯，上12)百块，到13)千块。

Ng, shàngbǎikuài, dàoqiānkuài。

会计 : 多少钱？

Duōshao qián?

---

10) 快递公司(kuàidì gōngsī): 퀵서비스회사, 택배업체
11) 挣钱(zhèngqián): 동 (애써서)돈을 벌다.
12) 上(shàng): 동 (일정한 정도, 수량에)이르다, 달하다. 成千上万 (수천 수만에 이르다)
13) 到(dào): 동 ~까지 미치다, 이르다, 도달하다.

小伙子5： 五，六，七，八百吧。
Wǔ, liù, qī, bā bǎi ba。

02

经理： 从今天开始，你们就是我们飞达快递公司的员工了14)。

Cóng jīntiān kāishǐ, nǐmen jiùshì wǒmen fēidá kuàidì gōngsī de yuángōng le。

刚才已经给15)你们洗完16)澡和理完17)发了。

---

14) 了(le)： 囨 区 어떠한 상태나 상황의 변화를 나타내는 어기조사(語氣助詞).
    1. 'V+了'：苹果熟了 | 休息了
    2. 'V+O+了'：我现在有电影票了
    3. 'V+了+O+了'：我已经买了三本书了
    4. 'A+了'：橘子红了 | 头发白了
    5. 'N+了'：春天了 | 二十岁了

15) 给(gěi)： 囨 전 ~에게, ~을 향하여, ~에 대해, ~을 위하여 (동작,행위의 대상자를 이끌어 냄)
    我~你写信 | 请~我开门 | 医生~大家看病 | 我~你们打水去

16) 完(wán)： 囨 동 완성하다, 완결하다. ('V+完'형식에서 결과보어로 사용되어 동작·행위의 완성, 완료를 표시함)
    卖~了 | 写~了 ※상기 예처럼 술어가 'V+O'형식 離合詞인 경우, '完'이 'V'와 'O' 사이에 위치함.

Gāngcái yǐjīng gěi nǐmen xǐwánzǎo hé lǐwánfà le。

为的是18)改变19)你们的形象。

Wèideshì gǎibiàn nǐmen de xíngxiàng。

让你们这些从农村来的孩子能够代表我们这个公司融入20)这个社会。

Ràng nǐmen zhèxie cóng nóngcūn lái de háizi nénggòu dàibiǎo wǒmen zhège gōngsī róngrù zhège shèhuì。

你们的形象21)就是公司的形象。

Nǐmen de xíngxiàng jiù shì gōngsīde xíngxiàng。

---

17) 上同
18) 为的是(wèideshì): ~때문이다, ~을 위해서다.
19) 改变(gǎibiàn): 동 1.변하다, 바뀌다, 달라지다. 2. 바꾸다, 변경하다. 명 변화, 개변
20) 融入(róngrù): 술보구조. 동 1.융합되다, 흡수되다, 적응하다.
21) 形象(xíngxiàng): 명 형상, 이미지 형 형상적이다, 구체적이다.

你们大家要好好儿22)珍惜23)这个机会呀。
Nǐmen dàjiā yào hǎohāor zhēnxī zhège jīhuì ya.

发给你们的自行车是你们吃饭的家伙24)。
Fā gěi nǐmen de zìxíngchē shì nǐmen chīfàn de jiāhuo.

这些可都是高级的山地车25)。
Zhèxie kě dōushì gāojí de shāndìchē.

你们好多人可能在家里头都没见过这种车。
Nǐmen hǎoduōrén kěnéng zài jiā lǐtou dōu méi jiànguo zhèzhǒng chē.

公司之所以26)给你们配备27)这么好的自行车,
Gōngsī zhīsuǒyǐ gěi nǐmen pèibèi zhème hǎo de zìxíngchē,

一个是为了公司的形象,再来就是为了提高28)你们的送货29)效率30)。

---

22) 好好儿(hǎohāor): 㕞 잘, 충분히, 아주 ㉯ 좋다, 성하다, 괜찮다, 훌륭하다. 这件事~干吧!

23) 珍惜(zhēnxī): 㕞 진귀하게 여기다, 소중히 여기다. ~宝贵的时间

24) 家伙(jiāhuo): ㉯ 녀석, 자식, 놈 (친한 친구 사이거나 사람을 막 대하며 편하게 부르는 호칭) 这~真讨厌!

25) 山地车(shāndìchē): ㉯ 산악용 자전거

26) 之所以(zhīsuǒyǐ): ㉲ ~의 이유. ~한 까닭. (뒤에 '是[由于]', '是[因为]', '是[为了]'등의 어구와 호응함)

27) 配备(pèibèi): 㕞 분배하다, 준비하다, 배치하다.

28) 提高(tígāo): 㕞 향상시키다, 높이다, 끌어 올리다. ~工作效率

Yíge shì wèile gōngsī de xíngxiàng, zàilái jiù shì wèile tígāo nǐmen de sònghuò xiàolǜ。

这样子才能跟别的公司竞争31)。
Zhèyàngzi cái néng gēn bié de gōngsī jìngzhēng。

唉, 话可说头32), 这车可不是白33)给你们的。
Āi, huàkěshuōtóu, zhèchē kě búshì bái gěi nǐmen de。

开始的时候, 公司跟你们八二分帐34), 公司拿八, 你们拿二。
Kāishǐ de shíhou, gōngsī gēn nǐmen bāèr fēnzhàng, gōngsī ná bā, nǐmen ná èr。

什么时候钱挣够35)了, 那个时候这车才是真正属于36)你们的。
Shénme shíhou qián zhènggòule, nàge shíhou zhèchē cái shì zhēnzhèng shǔyú nǐmen de。

---

29) 送货(sònghuò): 동 배달하다, 상품·물건을 보내다.
30) 效率(xiàolǜ): 명 능률, 효율
31) 竞争(jìngzhēng): 명 동 경쟁(하다)
32) 话可说头(huàkěshuōtóu): 먼저 말해 두는데……
33) 白(bái) : 부 1.헛되이 ~跑了一趟 2.거저, 무료로 ~看电影
34) 分帐(fēnzhàng): 동 몫을 나누다, 분배하다.
35) 挣够(zhènggòu) : '술보구조(述补构造)'---挣(술어:동작행위)+够(보어:결과) 돈을 충분히 벌다.
36) 属于(shǔyú): (~의 범위에)속하다.

到那个时候公司跟你们五五分帐。

Dào nàge shíhou gōngsī gēn nǐmen wǔwǔ fēnzhàng。

这是公司一种新的管理模式37)。

Zhè shì gōngsī yìzhǒng xīn de guǎnlǐ móshì。

听明白38)了吗？后面是一张北京市的地图。

Tīng míngbaile ma? hòumiàn shì yìzhāng běijīngshì de dìtú。

你们必须把上面的每一个街道、每一个胡同39)都得背下来40)。

---

37) 模式(móshì): 🈯 모형, 모델, 양식, 패턴, 유형
38) 听明白(tīng míngbai): '술보구조'--- 들어서 이해하다, 알아 듣다.
39) 胡同(hútòng): 🈯 골목, 작은 거리
40) 背下来(bèixialai): '술보구조'---背(술어)+下来(방향보어)
   🈯 '下来': 동사 혹은 형용사 뒤에 방향보어로 쓰여 동작행위의 방향, 지속, 완성, 결과, 변화 등을 나타냄.

Nǐmen bìxū bǎ shàngmiàn de měiyíge jiēdào、měiyíge hútòng dōu děi bèixialai。

从今天起你们就是新时代的"骆驼祥子41)"了。
Cóng jīntiān qǐ nǐmen jiù shì xīnshídài de "luòtuoxiángzi"le。

好好儿干吧！
Hǎohāor gàn ba!

03

秋生： 找42)你钱吧，常来啊！
Zhǎo nǐ qián ba, chánglái a!

客人： 好。
Hǎo。

방향: 山上跑~~一只老虎 지속: 这是古代流传~~的一个故事
완성: 风突然停~~ 변화: 天色已经黑~~

41) 骆驼祥子(luòtuoxiángzi): 中国 현대작가 老舍의 1937년 소설. 낙타라는 별명을 가진 인력거꾼 祥子의 비참한 운명을 당시의 북경을 무대로 잘 그려 내었다. 1945년 미국에서《Rickshaw Boy》로 번역, 출간되어 베스트셀러가 되면서 老舍를 일약 인기작가의 반열에 오르게 한 작품.

42) 找(zhǎo): 동 거슬러 주다, 남은 것을 돌려 주다.

秋生： 小贵，咦！咋43)了这是？人家要你了？
Xiǎoguì, yí! zǎle zhè shì? rénjiā yào nǐ le?

小贵： 嗯！
Ng!

秋生： 唉呀！真不赖44)呀，你！我看看。
Āiyā! zhēn bú lài ya, nǐ! wǒ kànkan。

咦，你听听人家那声。乖乖45)，这啥46)材料做的呀？
Yí, nǐ tīngting rénjiā nà shēng。guāiguāi, zhè shá cáiliào zuòde ya?

这不怕水47)。小贵，你真的是找了个不赖的工作啊。
Zhè bú pà shuǐ。xiǎoguì nǐ zhēnde shì zhǎole ge bú làide gōngzuò a。

好好干啊！还变速48)哩49)。

---

43) 咋(zǎ): 떼 방언. 어떻게, 왜, 어째서 你~不去？

44) 赖(lài): 형 나쁘다, 뒤떨어지다. 동 1.버티다, 눌러앉다.
2.부인하다, 발뺌하다. 3.(죄나 잘못을 남에게)뒤집어 씌우다.
4.책망하다, 탓하다. 5.의뢰하다, 기대다.

45) 乖乖(guāiguāi): 방언. 1. 갑 감탄사로서 놀람, 찬탄의 의미를 나타냄. 2. 형 고분고분한, 말을 잘 듣는, 순종하는, 행실이 좋은. 3. 명 귀염둥이, 복동이, 어린애에 대한 애칭.

46) 啥(shá): 떼 방언. 무엇, 무슨, 어느 有~说~

47) 怕水(pàshuǐ): 형 물에 약하다. 녹이 잘 슨다. 동 물을 무서워 하다.

48) 变速(biànsù): 명 변속

　　　　　Hǎohāor gàn ā! hái biànsù li。

　　　　这骑着50)肯定不费劲51)。饿了吧？
　　　　Zhè qízhe kěndìng bú fèijìn。è le ba?

小贵：　嗯！
　　　　Ng!

秋生：　吃面。搬52)屋里。
　　　　Chīmiàn。bān wūlǐ。

　　　　唉，你吃块肉，营养营养53)。
　　　　Ài, nǐ chī kuài ròu, yíngyǎng yíngyǎng。

　　　　唉，来来来，你看，看见没有？
　　　　Ài, láiláilái, nǐ kàn, kànjiàn méiyǒu?

---

49) 哩(li): ㊂ 방언. 어기조사로서 '呢'의 의미·용법과 유사.
50) 着(zhe): ㊃ ㊂ 1.동작의 진행: ~하고 있다, ~하고 있는 중이다. ('V+着'형식으로서 동사 앞에는 부사 '正', '在', '正在' 등이 올 수 있으며, 句末에는 '呢'가 온다.) 人们跳~, 唱~ | 雪正下~呢 | 他们正开~会呢
2.상태의 지속: ~해 있다, ~한채로 있다. (동사나 형용사 뒤에 사용하며, 그 앞에 부사 '正', '在', '正在' 등을 사용할 수 없음) 门开~呢 | 他穿~一身新衣服 | 屋里的灯还亮~
3.連動구문에 사용: ~하면서 ~하다, ~하고 ~하다, ~해서 ~하다. 坐~讲 | 红~脸说 | 低~头不作声
4.단순히 동작을 강조하거나 화자가 확정적으로 알고 있음을 나타냄. 这骑~肯定不费劲 | 我亲眼看~他偷了人家的东西
51) 费劲(fèijìn): ㊂ 힘을 들이다. 애쓰다. ㊇ 힘들다.
52) 搬(bān): ㊃ 1.옮기다, 운반하다. 2.이사하다, 집을 바꾸다.
53) 营养(yíngyǎng): ㊅ 영양, 양분 ㊃ 영양을 섭취하다.

这就是城里人54)。住这么大的房子还不知足55)。

Zhè jiùshì chénglǐ rén。zhù zhème dà de fángzi hái bù zhīzú。

一天到晚56)也没个笑脸57)。这要是我呀，我天天喝糖水58)，红糖水。

Yìtiāndàowǎn yě méi ge xiàoliǎn。zhè yàoshi wǒ ya, wǒ tiāntiān hē tángshuǐ, hóngtángshuǐ。

一天三顿59)我都吃排骨面60)。

---

54) 城里人(chénglǐrén): ⑲ 도시 사람, 도시 거주자
55) 知足(zhīzú): ⑲ 서면어. 지족하다, 분수에 만족할 줄 알다.
56) 一天到晚(yìtiāndàowǎn): 成語. 하루종일, 아침부터 밤까지
57) 笑脸(xiàoliǎn): ⑲ 웃는 얼굴, 웃음 띤 얼굴
58) 糖水(tángshuǐ): ⑲ 설탕물, 시럽
59) 顿(dùn): 量詞. 1.끼니(식사의 횟수) 一天吃三~饭 │ ~~是大米白面 2.번,차례(질책,권고,매도의 횟수) 骂了一~ │ 打了两~
60) 排骨面(páigǔmiàn): ⑲ 갈비탕면

Yìtiān sāndùn wǒ dōu chī páigǔmiàn。

唉，她又换一套，你看。
Āi, tā yòu huàn yítào, nǐ kàn。

小贵： 唉，秋生，这女的长得挺漂亮61)？
Āi, qiūshēng, zhè nǔde bù zhǎngde tǐng piàoliang?

秋生： 漂亮咋了？看看不犯法62)吧？
Piàoliang zǎ le? kànkan bú fànfǎ ba?

小贵： 你认识她吗？

---

61) 长得漂亮(zhǎngde piàoliang) 문 '状态补语式'--동사나 형용사 뒤에 '得'을 동반하여 그 동작·행위의 모습·성질·상태가 어떠한 모습인지를 구체적으로 묘사함.
洗得很干净 ｜ 跑得太累了 ｜ 说得不很清楚 ｜ 写得不好 ｜ 跑得喘不过气来 ｜ 吵得谁的话都听不见

62) 犯法(fànfǎ)： 동 법을 어기다, 범법하다.

Nǐ rènshi tā ma?

秋生: 她就是老63)来我这儿换酱油。小贵,你看见没有?

Tā jiù shì lǎo lái wǒ zhèr huàn jiàngyóu. xiǎoguì, nǐ kànjiàn méiyǒu?

这城里的女的,你看,一换就是一大堆64)衣服啊。

Zhè chénglǐ de nǚde, nǐ kàn, yí huàn jiù shì yí dà duī yīfu a。

浪费!唉,行了,你别看了。

Làngfèi! āi, xíng le, nǐ bié kàn le。

---

63) 老(lǎo): ㉠ 늘, 항상, 자주, 언제나 ㉡ 1.늙다, 나이가 많다. 2.오래된, 옛날의 3.낡은, 구식의 별~开玩笑!│~给您添麻烦

64) 堆(duī): 量詞. 더미, 무더기, 무리, 떼 ㉡ 쌓다, 쌓이다. ㉢ 쌓아 놓은 더미, 무더기

看多65)了对你的身心不好。你干活儿去吧！
Kànduō le duì nǐ de shēnxīn bù hǎo。nǐ gànhuór qù ba!

04

秋生： 小贵，还有几天这车就是你的了？
Xiǎoguì, hái yǒu jǐtiān zhè chē jiù shì nǐde le?

小贵： 最多，再干三天。
Zuì duō, zài gàn sāntiān。

秋生： 咦，真牛66)呀你！这才67)一个来月，你…。
Yí zhēn niú ya nǐ! zhè cái yíge lái yuè, nǐ…。

小贵，你要发大财68)了啊。你听…。来了。
Xiǎoguì, nǐ yào fā dàcái le a。nǐ tīng…。lái le。

---

65) 多(duō)： 동사나 형용사의 보어로 사용되어 원래보다 초과하였거나 차이가 많음을 표시.
酒喝~了对身体有害 ｜ 话说~了反而说不清楚 ｜ 好~了 ｜ 简单~了

66) 真牛(zhēn niú)：대단하다, 훌륭하다.

67) 才(cái)： 겨우, 그럭저럭(수량·정도가 적음을 나타냄) 这孩子~六岁, 已经认得不少字了

68) 发财(fācái)： 돈을 벌다, 재산을 모으다, 부자가 되다. 你发大财了！

05

小贵： 刘姐，我那事到底怎么办哪？
Liújiě, wǒ nà shì dàodǐ zěnme bàn na?

会计： 我不是跟你说了吗？ 再加七十，过两天再说吧。
Wǒ búshì gēn nǐ shuō le ma? zài jiā qīshí, guò liǎngtiān zài shuō ba。

朋友： 我走了。
Wǒ zǒu le。

会计： 不过呀…。七十岁了都69)…。

---

69) 都(dōu): 圂 '都七十岁了。'의 도치형 구문. 이미, 벌써 ('已经'

Búguò ya…。qīshí suì le dōu…。

朋友: 有钱呗。八十我都跟70)。
Yǒu qián bei。bāshí wǒ dōu gēn。

小贵: 刘姐，我算的正好啊。
Liújiě, wǒ suànde zhèng hǎo a。

会计: 你算的正好有什么用啊！
Nǐ suànde zhèng hǎo yǒu shénme yòng a!

这可是你说的。八十你都跟，够实际71)的呀。
Zhè kě shì nǐ shuōde。bāshí nǐ dōu gēn, gòu shíjì de ya。

朋友: 咳72),现实社会呗73)。
Hài, xiànshí shèhuì bei。

小贵: 我找经理去。
Wǒ zhǎo jīnglǐ qù。

会计: 唉！我说你这孩子怎么这么拗74)啊？

의 의미, 대개 文末에 '了'와 호응함)
~十二点了, 还不睡！｜饭~凉了, 快吃吧！｜我~快六十了, 该退休了

70) 跟(gēn): ⑤ 1.따라가다, 쫓아가다. 2.시집가다.
71) 实际(shíjì): ⑱ 1.사실(현실)에 부합되는, 현실적인 2.실제로 있는 구체적인 ⑲ 실제
72) 咳(hài): ㉑ hài 아 (탄식하는 소리)
hāi 1.어, 야 (남을 부르거나 주의를 환기시킴) 2.아이참, 하, 허, 아이구 (아쉬움, 후회, 놀람 표시)
73) 呗(bei): ㉆ 방언. ~할 따름이다, ~뿐이다. 그만이다.
74) 拗(niù): ⑱ 고집스럽다, 완고하다, 고집불통이다.

Āi! wǒ shuō nǐ zhè háizi zěnme zhème niù a?

你找经理有什么用啊？ 他这么忙，不就是七十块钱吗？

Nǐ zhǎo jīnglǐ yǒu shénme yòng a? tā zhème máng, bú jiù shì qīshí kuài qián ma?

你明天再干一天不就出来了吗？

Nǐ míngtiān zài gàn yìtiān bú jiù chūlái le ma?

朋友： 七十块钱，买瓶药都不够。

Qīshí kuài qián, mǎi píng yào dōu bú gòu.

会计： 真是！这样吧。明天，明天你过来。明天给你结75)。

Zhēn shì! zhèyàng ba. míngtiān, míngtiān nǐ guòlái. míngtiān gěi nǐ jié.

06

快递员： 走了啊。

Zǒu le a.

小费： 唉。

Āi.

---

75) 结(jié): 🈹 끝맺다, 결말을 짓다, 결산하다.

07

秋生: 我跟你说呀，这城里的人坏得很76)。

Wǒ gēn nǐ shuō ya, zhè chénglǐ de rén huài de hěn。

越是给你钱的时候越77)是挑78)你，左挑右挑79)。

Yuè shì gěi nǐ qián de shíhou yuè shì tiāo nǐ, zuǒ tiāo yòu tiāo。

反正也没啥，还有一天再挑能挑你个啥来？

---

76) 坏得很(huài de hěn): 술어가 도달한 정도(程度)가 매우 높음을 표시. ① '述语+得+程度补语'형식:
好得很 | 高兴得不得了 | 喜欢得了不得 | 累得慌 | 气得要命
衣服干净得很 | 衣服洗得很干净 | 我渴得要命 | 外边热得要死
정도보어는 술어가 다다른 '정도'를 표시하는데, 술어로는 형용사가 많이 쓰이며, 심리상태를 표시하는 동사도 쓰임.
정도보어로는 "很、极、死、坏"가 많이 쓰이며, 간단한 수량사 어구도 정도보어 사용 가능. (술어가 표시하는 가벼운 '정도')
② '述语+程度补语'형식: 高兴极了 | 坏透了 | 天气热死了 | 他的手轻一点 | 他的技术差远了 | 这件事真把人急死了

77) 越~~越~(yuè~, yuè~): ~하면 할수록 ~하다.

78) 挑(tiāo): 동 1. 선택하다, 고르다. 2. (부정적인 것을)들추어 내다, 찾아 내다. ~毛病 | ~缺点

79) 左~右~(zuǒ~yòu~): 이리저리 자꾸, 이래도 저래도. 동작이 여러 번 반복됨을 표시. 左思右想 | 左说右说 | 左看右看

Fǎnzheng yě méi shá, hái yǒu yìtiān zài tiāo néng tiāo nǐ ge shá lái?

挑不出80)啥。再说你这快递的工作多81)好，一个来月你落下82)一辆车。

Tiāo bu chū shá。 zài shuō nǐ kuàidì de gōngzuò duō hǎo, yí ge lái yuè nǐ luò xia yí

---

80) 挑不出(tiāobuchū): '挑得出'의 부정형. '~出': '出'이 동사의 보어로 사용되어 '~해내다', '동작이 안에서 밖으로 나오다', '나타나다', '드러나다', '완성되다', '생산하다'의 의미를 표시. 看得出 | 看不出
81) 多(duō): ㉮ 얼마나 ~한지, 아무리 ~해도. 감탄문에 쓰여 정도가 매우 높음을 표시.
82) 落下(luòxia): ㉯ 술보구조. 'V/A+下': '下'가 동사 혹은 형용사 뒤에 방향보어로 사용되어 동작이 위에서 아래로 일어나거나 동작이 완성되어 이탈하거나 고정되어짐을 표현함. 你坐~ | 把书包放~ | 他激动得流~了眼泪 | 摘~一朵花 | 脱~皮鞋

liàng chē。

关键你不能让83)人家看出84)你是个外地人85)，知道吧？

Guānjiàn nǐ bù néng ràng rénjia kàn chū nǐ shì ge wàidìrén, zhīdao ba?

你看看你，你刷刷？来嘛。

Nǐ kànkan nǐ, nǐ shuāshua? lái ma。

你跑86)这快递，还净87)去个好地方，净去高级的地方。

Nǐ pǎo zhè kuàidì, hái jìngqu ge hǎo dìfang, jìngqu gāojí de dìfang。

我听说这饭店的厕所里头还有音乐哩？

Wǒ tīngshuō zhè fàndiàn de cèsuǒ lǐtou hái yǒu yīnyuè li?

这要是我，我可尿不出来88)。

Zhè yàoshi wǒ, wǒ kě niào bu chū lái。

---

83) 让(ràng): '피동'. ~에게 (~당하다). 동작의 행위자를 유도함. 活儿都~他们干完了 | 窗户~大风吹坏了一扇
84) 看出(kànchū): 'V+出' 술보구조. 알아차리다, 간파하다, 분별하다.
85) 外地人(wàidìrén): 외지인, 타지 사람
86) 跑(pǎo): 1.달리다, 뛰다 2.달아나다, 도망가다 3.(어떤 일을 위해서) 분주히 뛰어 다니다. ~新闻
87) 净(jìng): 1.다만, 오직. 2.항상, 언제나, 늘. 3.모두.
88) 尿不出来(niào bu chū lái): '오줌도 안 나오다', '오줌도 못 누다'. 술보구조. 'V得出来'의 부정형.

08

服务员: 先生，您好！欢迎光临，里边请。
Xiānsheng, nín hǎo! huānyíng guānglín, lǐbian qǐng。

服务员: 唉，请问，你找谁？
Āi, qǐng wèn, nǐ zhǎo shéi?

小贵: 我找张先生。
Wǒ zhǎo zhāngxiānsheng。

服务员: 张先生？哦89)，张先生在里面等您呢。

---

89) 哦(ò): ㉺ 1.'ò' 아! 오! (납득, 동의) 2.'ó' 아! 어! 어머! (놀라움, 감탄) 3.'ǒ' 어! 아니! (반신반의, 놀라움)

Zhāngxiānsheng? ò, zhāngxiānsheng zài lǐmian děng nín ne。

小贵: 谢谢你。
Xièxie nǐ。

服务员: 唉，等一下，手牌90)。男宾一位。
Āi, děng yíxià, shǒupái。nánbīn yí wèi。

服务员: 先生，请换拖鞋91)。先生，里面请。
Xiānsheng, qǐng huàn tuōxié。xiānsheng, lǐmian qǐng。

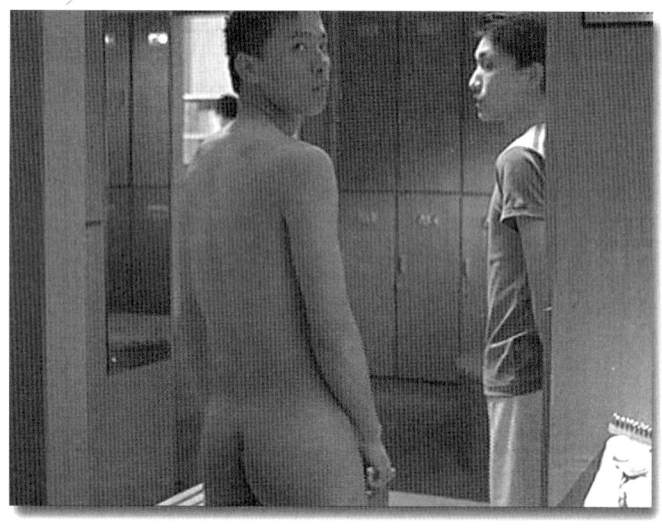

90) 手牌(shǒupái): 몡 (손에 쥐는) 패, 패찰
91) 拖鞋(tuōxié): 몡 슬리퍼(slipper) =[拖脚鞋]

服务员： 先生，里边请。
Xiānsheng lǐbian qǐng。

服务员： 先生，你好！找人吗？
Xiānsheng nǐ hǎo, zhǎo rén ma?

小贵： 我找张先生。
Wǒ zhǎo zhāngxiānsheng。

服务员： 哦，您里边请。张先生，有位先生找您。有位先生找您。
Ò, nín lǐbian qǐng。zhāngxiānsheng, yǒu wèi xiānsheng zhǎo nín。yǒu wèi xiānsheng zhǎo nín。

张先生： 哦，老瓜92)吧？你怎么才过来呢？先做完一种再说吧。
Ò, lǎoguā ba? nǐ zěnme cái guòlái ne? xiàn zuòwán yìzhǒng zài shuō ba。

唉，老瓜呢？你是谁？
Āi, lǎoguā ne? nǐ shì shéi?

小贵： 我是快递公司的。
Wǒ shì kuàidì gōngsī de。

---

92) 老~(lǎo~): 접두어. 한 글자로 된 성 앞에 붙여 호칭으로 사용할 때 쓰임. 동년배이거나 조금 나이가 많은 이에게 이름을 부르기보다 좀 더 친밀한 어감을 표현하려 할 때 사용함.
~王 ｜ ~李 ｜ ~张

张先生： 快递公司的？干啥哩？
Kuàidì gōngsī de? gàn shá li?

小贵： 公司让我来找一位姓张的先生。
Gōngsī ràng wǒ lái zhǎo yí wèi xìng zhāng de xiānsheng。

张先生： 嗯。我是姓张啊，找我干啥哩？
Ng。wǒ shì xìng zhāng a, zhǎo wǒ gàn shá li?

小贵： 您是不是有快件要递93)呀？
Nín shì bu shì yǒu kuàijiàn yào dì ya?

张先生： 没有。唉，你们谁有快件要送的？
Méi yǒu。āi, nǐmen shéi yǒu kuàijiàn yào sòng de?

没有，没有，走吧！认错94)人了。
Méi yǒu, méi yǒu, zǒu ba! rèncuò rén le。

出去吧，出去吧。姓张的可多呢。
Chū qù ba, chū qù ba。xìng zhāng de kě duō ne。

张艺谋95)还姓张呢。你怎不找去哩。

---

93) 递(dì): ⟨동⟩ 1.넘겨주다, 전달하다, 전해주다. 2.차례차례로 건네다, 보내다.

94) 认错(rèncuò): '술어+보어'구조: 잘못 알아봤다.

95) 张艺谋(zhāngyìmóu): 중국을 대표하는 영화감독. 1988년《붉은 수수밭》으로 베를린국제영화제에서 대상을 받으며 세계의 주목을 받기 시작했다. 시각적인 면에서 뛰어나다는 평을

Zhāngyìmǒu hái xìng zhāng ne。nǐ zěn bù zhǎo qù li。

服务员： 我们不管你是不是速递公司96)的。

Wǒmen bù guǎn nǐ shì bu shì sùdìgōngsī de。

你洗了澡就得交钱97)。

Nǐ xǐ le zǎo jiù děi jiāoqián。

받고 있으며 중국적이면서도 세계적인 영화를 동시에 지향하며 상업영화와 예술영화의 경계를 넘나드는 작품의 창작으로 유명하다. 《국두》(1990),《홍등》(1991),《귀주이야기》(1992) 등의 대표작으로 유명하다.

96) 速递(sùdì): '快速投递'의 약칭. (공문·서신 따위의) 신속 배달, 퀵서비스, 택배.

97) 交钱(jiāoqián): 動 돈을 내다, 지불하다.

小贵： 我…我不是来洗澡的。
Wǒ…wǒ bú shì lái xǐzǎo de。

我是来找张先生的。是张先生叫我来的98)。
Wǒ shì lái zhǎo zhāngxiānsheng de。shì zhāngxiānsheng jiào wǒ lái de。

服务员： 可张先生说没那么回事。
Kě zhāngxiānsheng shuō méi nàme huí shì。

小贵： 我真的是速递公司的。不信您看。
Wǒ zhēnde shì sùdìgōngsī de。bú xìn nín kàn。

服务员： 你给我看这个也没用。
Nǐ gěi wǒ kàn zhè ge yě méi yòng。

小贵： 您看一看嘛。
Nín kàn yi kàn ma。

服务员： 这没用。反正你洗了澡就得交钱。
Zhè méi yòng。fǎnzheng nǐ xǐ le zǎo jiù děi jiāoqián。

小贵： 当初99)是你叫我进去的。

---

98) 是~~的。(shì~~de): '是+VP+的'형식의 강조구문으로서 'VP'의 주어를 강조할 때 사용. 'VP'에 사용되는 동사는 주로 '완성', '완료'표현이며, '是' 앞에는 주어를 사용하지 않음. 부정형도 사용하지 않음.
是谁告诉你的？ | 是我关掉收音机的 | 是你把车子摔坏的吗？

99) 当初(dāngchū): 🔊 당초, 처음, 이전. (문장 속에서 주로 부사어로 사용됨)

	Dāngchū shì nǐ jiào wǒ jìnqù de。

服务员: 是我让你进去的，可我…。你洗了澡就得交钱嘛。
Shì wǒ ràng nǐ jìnqù de, kě wǒ…。nǐ xǐ le zǎo jiù děi jiāoqián ma。

小贵: 是你们让我洗的澡，又不是我要洗的澡。
Shì nǐmen ràng wǒ xǐ de zǎo, yòu bú shì wǒ yào xǐ de zǎo。

是你们一进去就把我的衣服都脱光100)了。
Shì nǐmen yí jìnqù jiù bǎ wǒ de yīfu tuōguāng le。

服务员: 可你洗了澡，我们就得收您钱，我也没办法。

---

100) 脱光(tuōguāng): '술보구조'. 벌거벗다. 홀랑 벗다. 다 벗어 버리다. '光: 동사의 보어로 쓰여 '조금도 남지 않다', '다 써 버리다'의 의미 표현.

> Kě nǐ xǐ le zǎo, wǒmen jiù děi shōu nín qián, wǒ yě méi bànfǎ.

小贵： 放开101)我。我没钱！
> Fàngkāi wǒ. wǒ méi qián!

经理： 怎么回事？先把人放了。
> Zěnme huí shì? xiān bǎ rén fàng le.

服务员： 张经理，这个人洗了澡不给钱。他说是速递公司的，来找张先生的。
> Zhāngjīnglǐ, zhè ge rén xǐ le zǎo bù gěi qián. tā shuō shì sùdìgōngsī de, lái zhǎo zhāngxiānsheng de.

经理： 对呀，是我要的呀。哦，是你呀？
> Duì ya, shì wǒ yào de ya. ò, shì nǐ ya?

你们俩下去吧。我说你怎么才来呀？
> Nǐmen liǎ xià qù ba. wǒ shuō nǐ zěnme cái lái ya?

害102)我等你半天103)？哦，洗澡去了？
> Hài wǒ děng nǐ bàntiān? ò, xǐzǎo qù le?

嘿104)，我说你可真行啊。哦，你把那文件

---

101) 放开(fàngkāi): '술보구조'. 1.놓아 주다, 석방하다, 방면하다.
    2.크게 하다. 3.길게 하다, 넓히다, 펴다.

102) 害(hài): 동 1.해치다, 해를 끼치다. 2.방해하다, 관계하다.
    형 해롭다, 유해하다.

103) 半天(bàntiān): 명 반일, 한나절, 하루의 반

给我拿来。

Hēi, wǒ shuō nǐ kě zhēn xíng a。ò, nǐ bǎ nà wénjiàn gěi wǒ ná lái。

服务员： 文件？

Wénjiàn?

经理： 对呀，就是我搁105)的文件。哎呀，你要再不来啊，我就走了。

Duì ya, jiù shì wǒ gē de wénjiàn。āiyā, nǐ yào zài bù lái a, wǒ jiù zǒu le。

我跟你说，你把这个送到王府井大街123号，李先生收106)。

Wǒ gēn nǐ shuō, nǐ bǎ zhè ge sòng dào wángfǔjǐng dàjiē 123hào, lǐxiānsheng shōu。

听见没有？赶快去吧。来不及107)了都。

Tīngjiàn méi yǒu? gǎnkuài qù ba。láibují le dōu。

---

104) 嘿(hēi): ㉙ 1.야, 하, 허 (놀라움, 경탄을 표현하는 말)
    2.어이, 여보 (가볍게 부르거나 주의를 환기시킬 때 씀)

105) 搁(gē): ㉞ 1.놓다, 두다. 2.(음식에 조미료 따위를) 넣다.
    3.내버려두다, 방치하다.

106) 收(shōu): ㉞ 1.받다, 접수하다, 용납하다, 받아들이다, 거두어들이다, 간수하다, 보존하다. 2.편지에서 수신인의 이름 뒤에 쓰는 말.

107) 来不及(láibují): ↔'来得及' 1.미치지 못하다, 손쓸 틈이 없다, 시간이 맞지 않다. ='赶不及', '赶不上' 2.여유가 없다.

服务员: 经理,他还没给钱呢。
Jīnglǐ, tā hái méi gěi qián ne.

经理: 算了108),你看他像109)有钱的人吗?
Suàn le, nǐ kàn tā xiàng yǒu qián de rén ma?

---

108) 算了(suànle): 됐다, 그만두다, 개의치 않다, 내버려 두다, 따지지 않다.

109) 像(xiàng): 동 닮다, 비슷하다, …해 보이다, 그럴듯하다.

09

会计: 真有你的110)。车丢了也不能不送件。
Zhēn yǒu nǐ de。chē diū le yě bù néng bù sòng jiàn。

是车重要还是111)工作重要？ 行了，哭有什么用啊？
Shì chē zhòngyào háishì gōngzuò zhòngyào? xíng le, kū yǒu shénme yòng a?

经理没罚你钱就算112)你便宜113)。
Jīnglǐ méi fá nǐ qián jiù suàn nǐ piányi。

以后再找别的事的时候，自己多留点心眼儿114)，别那么死轴115)。

---

110) 有你的(yǒunǐde): 1.역시 너다, 잘 했다.(상대방을 칭찬하거나 혹은 역으로 말할 때 사용) 2.두고 보자.(상대방을 위협하는 말로 후환을 경고할 때 사용)

111) 还是(háishì): ⑧ 또는, 아니면. 선택의문문에 사용되어 선택 의미를 표시함.

112) 算(suàn): ⑧ ~인 셈이다, 간주하다(되다), ~로 하다, ~라고 여기다.

113) 便宜(piányi): ⑧ 좋게 해주다, 이롭게 해주다. ⑲ 싸다, 저렴하다, 적절하다.

114) 心眼儿(xīnyǎnr): ⑲ 1.판단력, 사고, 기지, 눈치, 총기 2.내심, 마음속 3.마음씨, 생각, 기분

115) 死轴(sǐzhóu): ⑲ 융통성이 없다, 답답하다. '轴': ⑲ 北京土话. 완고하다, 외고집이다.

Yǐhòu zài zhǎo bié de shì de shíhou, zìjǐ duō liúdiǎn xīnyǎnr, bié nàme sǐzhóu。

我说这话可是为你好啊。赶紧走吧。

Wǒ shuō zhè huà kě shì wèi nǐ hǎo a。gǎnjǐn zǒuba。

经理： 您说的对。对不起啊，实在是对不起。哎，好说好说116)。

Nín shuō de duì。duìbuqǐ a, shízài shì duìbuqǐ。āi, hǎoshuō hǎoshuō。

啊？哦，让他走人117)了。您放心，再不会有这样的事了。

Á? ò, ràng tā zǒu rén le。nín fàngxīn, zài bú huì yǒu zhèyàng de shì le。

您踏踏实实118)的，好咧119)，好。

Nín tātashīshī de, hǎo lie, hǎo。

哎哟120)，你怎么还没走啊？

---

116) 好说(hǎoshuō): 套. 1.천만의 말씀입니다.(남이 자신을 칭찬하거나 자기에게 감사의 뜻을 전할 때 하는 겸양의 말) 2.됐다! 됐어!(달랠 때)

117) 走人(zǒurén): 동 가다, 사람을 가게 하다.

118) 踏踏实实(tātashīshī): 성질형용사 '踏实'의 상태형용사(AABB형). 상태형용사는 사람이나 사물의 상태를 생생하게 묘사하기 위해 사용함. '踏实': 형 1.성실하다, 차분하다. 2.(마음이)놓이다, 안정되다, 편안하다.

119) 咧(lie): 조 방언. '了', '啦', '哩' 등의 조사와 용법과 의미가 비슷한 어기(語氣)조사.

Āiyō, nǐ zěnme hái méi zǒu a?

小贵: 经理, 你就再发121)我一辆自行车吧。

        Jīnglǐ, nǐ jiù zài fā wǒ yí liàng zìxíngchē ba。

经理: 你怎么还不明白呀。不是光122)为了这个车让你走的。

        Nǐ zěnme hái bù míngbai ya。bú shì guāng wèile zhège chē ràng nǐ zǒu de。

        车丢了算我倒霉123)。你呢, 也把这车钱挣够了。

        Chē diū le suàn wǒ dǎoméi。nǐ ne, yě bǎ zhè chē qián zhènggòu le。

        咱俩就谁都不欠124)谁的了。关键是你给我惹125)了一大堆的事啊。

        Zánliǎ jiù shéi dōu bù qiàn shéi le。guānjiàn shì nǐ gěi wǒ rě le yí dà duī de shì a。

---

120) 哎哟(āiyō): ㊚ 아야! 어머나! 어이구! 아이고! (놀람, 고통, 안타까움 등을 나타냄)
121) 发(fā): ㊦ 1.내주다, 지급하다, 발급하다. 2.보내다, 교부하다, 부치다.
122) 光(guāng): ㊮ 단지, 다만, 다만 ~뿐.
123) 倒霉(dǎoméi): ㊯ 재수 없다, 운수 사납다, 불운하다. ㊦ 재수 없는 일을 당하다.
124) 欠(qiàn): ㊦ 빚지다. ㊯ 부족하다, 모자라다.
125) 惹(rě): ㊦ 1.(어떤 결과나 사태를)야기하다, 일으키다. 2.(말이나 행동이) 어떤 반응을 불러 일으키다.

你都听见了，就你这一下我就得成天126)跟三孙子127)似的。

Nǐ dōu tīngjiàn le, jiù nǐ zhè yíxià wǒ jiù děi chéngtiān gēn sānsūnzi sì de。

人家说轻128)了是让你赔偿129)损失130)。说重131)了可就拉132)你打官司133)呀。

126) 成天(chéngtiān): ⑮ 종일, 온종일.
127) 三孙子(sānsūnzi): ⑲ 1.천한 놈, 너절한 놈. 2.사람들 앞에서 지나치게 자신을 낮추는 사람.
128) 说轻(shuōqīng): '述补'. 가볍게 말하다.
129) 赔偿(péicháng): ⑲⑤ 배상(하다), 변상(하다).
130) 损失(sǔnshī): ⑲⑤ 손실(하다), 손해(보다).
131) 说重(shuōzhòng): '述补'. 심하게 말하다.
132) 拉(lā): ⑤ 1.끌어 들이다, 연결시키다, 맺다. 2.끌다, 당기

Rénjia shuōqīng le shì ràng nǐ péicháng sǔnshī。
shuōzhòng le kě jiù lā nǐ dǎguānsi ya。

再者134)说了，车丢了都找我要，我这儿成135)什么了？

Zàizhě shuō le, chē diū le dōu zhǎo wǒ yào, wǒ zhèr chéng shénme le?

小贵： 经理，我真的不想走。

Jīnglǐ, wǒ zhēnde bù xiǎng zǒu。

经理： 你这孩子怎么不明白？ 又犯轴136)了，是不是？

Nǐ zhè háizi zěnme bù míngbai? yòu fànzhóu le, shì bu shì?

甭137)说别的， 你现在车都没了。

Béng shuō bié de, nǐ xiànzài chē dōu méi le。

小贵： 那我把车找回来138)成吗？

다. 3.운반하여 나르다. 4.(악기를)타다, 켜다, 연주하다.
133) 打官司(dǎguānsi): 〈동〉 소송을 걸다, 소송을 일으키다.
134) 再者(zàizhě): 〈접〉 더군다나, 게다가, 그위에
135) 成(chéng): 〈동〉 1.(~으로) 되다, (~으로) 변하다. 2.이루다, 성공하다, 완성하다.
136) 犯轴(fànzhóu): 답답하게 굴다. 융통성 없이 굴다.
137) 甭(béng): 〈동〉 북경방언. '不用'의 합음(合音). (단독적으로 사용하지 않음)
  1.~할 필요가 없다, ~하지 마라. 2.~해도 소용없다, ~하려고 해도 소용없다.
138) 找回来(zhǎohuílái): '述补'. 찾아 오다. 찾아 가지고 오다.

Nà wǒ bǎ chē zhǎo huílái chéng ma?

经理 : 什么？
Shénme?

小贵 : 我一定能把车找回来。
Wǒ yídìng néng bǎ chē zhǎohuílái。

经理 : 我说你是不是有病139)啊？
Wǒ shuō nǐ shì bu shì yǒu bìng a?

这整个北京城像你这样的自行车有多少辆，你知道吗？
Zhè zhěngge běijīngchéng xiàng nǐ zhèyàng de zìxíngchē yǒu duōshao liàng, nǐ zhīdao ma?

小贵 : 我在我的车上做了记号。
Wǒ zài wǒ de chē shàng zuò le jìhào。

经理 : 嗯？你还真行啊。怪不得140)都说这孩子轴呢。
Ng? nǐ hái zhēn xíng a。guài bu de dōu shuō zhè háizi zhóu ne。

你要是真在你的车上做了记号，能把它给141)找回来。

---

139) 有病(yǒu bìng): 병이 있다, 문제가 있다. 좀 모자라다. (주로 상대방을 비방하거나 싸움할 때 사용)
140) 怪不得(guài bu de): ㊥ 과연, 그러기에, 어쩐지 =怪不道 ㊥ 책망할 수 없다, 탓할 수 없다.
141) 给(gěi): ㊥ ㊗ 동사 앞에 두어 语气를 강조할 때 사용(보통 '把'자문이나 '让', '叫' 피동문과 함께 쓰이며 동작행위자는 생

Nǐ yàoshi zhēn zài nǐ de chē shàng zuò le jìhào, néng bǎ tā gěi zhǎo huílái.

就冲142)你这轴劲143)，我就让你找去。

Jiù chòng nǐ zhè zhóujìn, wǒ jiù ràng nǐ zhǎo qù.

唉，你要是真能把你的车给找回来，我就留144)你，怎么样？

Āi, nǐ yàoshi zhēn néng bǎ nǐ de chē gěi zhǎo huílái, wǒ jiù liú nǐ, zěnmeyàng?

小贵： 你说话算数145)？

Nǐ shuōhuà suànshù?

经理： 绝对的。

Juéduì de.

략되기도 함). '**把**字句: 他把衣服~晾干了 | 我们把房间都~收拾好了 **被动句**: 衣服让他~晾干了 | 房间都让我们~收拾好了
142) 冲(chòng): ⑩ 의지하다, 근거하다.
143) 轴劲(儿)(zhóujìn): ⑲ 완고한 기질, 불굴의 정신.
144) 留(liú): ⑩ 1.머무르게 하다, 만류하다. 2.머무르다, 묵다. 3.받다, 접수하다. 4.보존(보류)하다.
145) 算数(suànshù): 1.(유효하다고) 인정하다, 책임을 지다, 말한 대로 하다. 2.수를 헤아리다.

10

螳螂： 行啊，坚子，你爸也开恩146)给你买车了。换了吧？ 换完走！

Xíng a, jiānzi, nǐ bà yě kāiēn gěi nǐ mǎi chē le. huàn le ba? huàn wán zǒu!

行，这车不错。不是偷的吧？

Xíng, zhè chē bú cuò. bú shì tōu de ba?

小坚： 废话147)！ 赶紧走。

Fèihuà! gǎnjǐn zǒu.

---

146) 开恩(kāiēn): 동 가엾이 여겨 용서해주다, 자비를 베풀어 주다.
147) 废话(fèihuà): 명동 쓸데없는 말(을 하다). =[闲话]

螳螂: 长脾气148)了!
Zhǎng píqi le!

朋友: 走吧。
Zǒu ba。

小坚: 别走了。
Bié zǒu le。

潇潇: 我车链子149)掉了。
Wǒ chē liànzi diào le。

潇潇: 你的车挺好的。我走了。
Nǐ de chē tǐng hǎo de。wǒ zǒu le。

---

148) 长脾气(zhǎng píqi): 동 우쭐해지다, 교만하게 뽐내다. '长' 동 나다, 생기다. '脾气' 명 성격, 기질, 성깔, 성질.
149) 链子(liànzi): 명 쇠사슬, (자전거·오토바이 등의)체인.

11

小坚父: 我知道你心里不痛快150)。本来说好的事现在又吹151)了。

Wǒ zhīdao nǐ xīnlǐ bú tòngkuai。běnlái shuō hǎo de shì xiànzài yòu chuī le。

---

150) 痛快(tòngkuai): ⓗ 1.통쾌하다, 유쾌하다, 즐겁다, 기분 좋다. 2.(성격이)시원스럽다, 솔직하다.
ⓓ 마음껏 놀다. 마음껏 즐기다.

151) 吹(chuī): ⓓ 북경방언. 1.실패하다, (약속・일 등이)무효가 되다, 틀어지다. 2.허풍을 치다.(吹牛) 3. 바람이 불다. 4.입김을 불다. 5.악기 따위를 불다.

可是我也没辙152)呀。人家153)妹妹点灯熬油154)的，多不容易呀。
Kěshì wǒ yě méi zhé ya。rénjia mèimei diǎndēngáoyóu de, duō bù róngyì ya。

你还别说，人家就考上重点中学155)了。
Nǐ hái bié shuō, rénjia jiù kǎoshàng zhòngdiǎn zhōngxué le。

这学费得交啊。我呀，跟你妈商量156)了。
Zhè xuéfèi děi jiāo a。wǒ ya, gēn nǐ mā shāngliang le。

这事我作主157)。还是妹妹上学的事情大。
Zhè shì wǒ zuò zhǔ。háishì mèimei shàngxué de shìqing dà。

当然了，你买自行车也不是不重要。
Dāngrán le, nǐ mǎi zìxíngchē yě bú shì bú zhòngyào。

---

152) 没辙(méi zhé): ⓤ 口語. 방법이 없다, 어찌할 수 없다. =[没办法]
153) 人家(rénjia): 1. 남. 다른 사람. 2. 그 사람, 그. (어떤 한 사람 또는 사람들을 지칭하는 것으로, '他'와 의미가 비슷함. '人家' 뒤에 동격어로 인명이 올 수도 있음)
154) 点灯熬油(diǎndēngáoyóu): 등불을 켜고 밤을 세워 공부하다.
155) 重点中学(zhòngdiǎn zhōngxué): 중점 중학교(국가 지정 우수학교).
156) 商量(shāngliang): ⓤ 상의하다, 의논하다, 상담하다.
157) 作主(zuò zhǔ): ⓤ (일의)주관자가 되다, (자신의) 생각대로 처리하다, 결정권을 가지다. =[做主]

可是咱们家跟别人家的情况没法比158)。

Kěshì zánmen jiā gēn biérén jiā de qíngkuàng méi fǎ bǐ。

爸爸这回真是一下子159)缓不过手来160)。

Bàba zhè huí zhēn shì yíxiàzi huǎn búguò shǒu lái。

你有161)这么大，应该懂事儿162)。

Nǐ yǒu zhème dà, yīnggāi dǒngshìr。

我看你这个样子啊，我心里都难受163)。

Wǒ kàn nǐ zhè ge yàngzi a, wǒ xīnlǐ dōu nánshòu。

---

158) 没法比(méi fǎ bǐ): =[没有办法做比较] 비교할 방법이 없다, 비교할 수 없다.

159) 一下子(yíxiàzi): =[一下儿] 한 번, 1 회. 돌연, 단번, 일시, 잠시, 잠깐.(부사어로 사용되어 짧은 시간을 표현)

160) 缓手(huǎnshǒu): 손을 늦추다. 不过来: 동사의 뒤에 붙어서 보어가 되며, 어떤 경로를 거쳐서 올 수 없다는 뜻이나 정상적인 상태로 돌이킬 수 없다는 뜻. 또는 두루 할 수 없다는 뜻을 나타냄.

161) 有(yǒu): ~만큼 되다, ~만하다, ~이 되다. ('有~+这 么/那么+형용사'의 형태로 쓰여 비교를 표시)

162) 懂事儿(dǒngshìr): 철들다, 분별이 있다, 세상 물정을 알다, 사리를 분별하다.

163) 难受(nánshòu): (육체적·정신적으로) 괴롭다, 참을 수 없다, 견딜 수 없다.

下个月，下月发了工资164)，我就给你把车推回来。

Xià ge yuè, xià yuè fā le gōngzī, wǒ jiù gěi nǐ bǎ chē tuī huílai。

豁出去165)咱们不过166)了，啊？

Huòchūqù zánmen búguò le, ā?

12

秋生： 走吧，回去吧，啊？

Zǒu ba, huíqù ba, ā?

我都困167)了。走走走，回去，走。

Wǒ dōu kùn le。zǒu zǒu zǒu, huíqù, zǒu。

---

164) 发工资(fā gōngzī): 임금을 주다(지불하다).
165) 豁出去(huō chuqu): '술보'. 어떤 희생을 치루더라도 하다. (목숨을)내걸다, 필사적으로 하다. =[豁出]
166) 不过(bú guò): 살지 못 하다. 못 살다.
167) 困(kùn): ㉠ 1.지치다, 피로(피곤)하다. 2.곤궁하다, 곤란하다. ㉡ 1.고생하다, 시달리다. 2.가두어 놓다, 포위하다.

小贵你怎么这么倔168)呀？
Xiǎoguì nǐ zěnme zhème juè ya?

你倔，你能再去撬169)别人一辆车？
Nǐ juè, nǐ néng zài qù qiào biérén yí liàng chē?

走！还等啊？那我走了。
Zǒu! hái děng a? nà wǒ zǒu le。

看车的： 干什么的？你那儿干什么呢？别跑！
Gàn shénme de? nǐ nàr gàn shénme ne? bié pǎo!

干什么？站住170)！别动！
Gàn shénme? zhànzhù! bié dòng!

---

168) 倔(juè): 형 퉁명스럽다, 괴팍하다, 말투가 거칠고 태도가 불손하다.
169) 撬(qiào): 형 1.훔치다, 털다.(隱語) 2.(몽둥이, 칼, 송곳 등으로) 비틀어 열다, 지레질하다. 3.거세하다.
170) 站住(zhànzhù): 1.(사람·차량 등이)정지하다, 멈춰서다. 2.안정되다, 유지하다. 3.제대로 서다, 바로 서다.
문 'V+住': '술보'. 동작을 통해 목적물에 영향을 주어 한 곳에 고착시킴을 표시.
1.'정지', '고착' 등 더 이상 진행하지 못 하게 함을 표시. 停住 | 挡住去路 | 我站不住了
2.'견고', '확고'의 의미 표시. 拿住, 别撒手 | 这个号码你记得住吗？ | 捉住了一只胡蝶

13

经理: 您请留步171)啊!
Nín qǐng liúbù a!

警察: 哎,没关系!
Āi, méi guānxi!

经理: 走啊!让你找车,谁让你偷车去了?
Zǒu a! ràng nǐ zhǎo chē, shéi ràng nǐ tōu chē qù le?

---

171) 留步(liúbù): 나오지 마세요. (주인이 손님을 전송할 때, 손님이 주인에게 나오지 말라는 뜻으로 하는 말)

为一辆破172)自行车值173)吗？行了，我也不管你是不是冤枉174)。

Wèi yí liàng pò zìxíngchē zhí ma? xíng le, wǒ yě bù guǎn nǐ shì bu shì yuānwang。

这事就这一回你赶紧给我回家去吧。

Zhè shì jiù zhè yì huí nǐ gǎnjǐn gěi wǒ huí jiā qù ba。

哪儿来的回哪儿去。别在这儿给我添乱175)了。

Nǎr lái de huí nǎr qù。bié zài zhèr gěi wǒ tiānluàn le。

为这么一辆破自行车值吗？

Wèi zhème yí liàng pò zìxíngchē zhí ma?

还有我跟你说，你以后可别再提176)我了！

Hái yǒu wǒ gēn nǐ shuō, nǐ yǐhòu kě bié zài tí wǒ le!

---

172) 破(pò): ⑧ 1.낡은, 망가진, 닳아 빠진 ~衣服丨~手表 2.나쁜, 시시한, 하찮은 这种~东西没人要

173) 值(zhí): ⑧ 1.~할 가치가 있다.(주로 '不值', '值得'의 형식으로 사용) 2.~가치에 상당하다, 값(가격)이 ~하다.

174) 冤枉(yuānwang): ⑧ 1.(무고한 죄를 입어)억울하다, 원통하다, 분하다. 2.가치가 없다, 헛되다, 쓸데없다. ⑤ 억울한 누명을 씌우다, 억울하게 하다. ⑲ 억울한 죄(누명)

175) 添乱(tiānluàn): ⑤ 폐를 끼치다, 성가시게 하다, 번거롭게 하다. =[添麻烦]

176) 提(tí): ⑧ 1.말하다, 언급하다. 2.(손에) 들다. 3.(시간·기일을) 앞당기다. 4.제기하다, 제시하다.

你跟公司已经没关系了，别再烦177)我了！
Nǐ gēn gōngsī yǐjīng méi guānxi le, bié zài fán wǒ le!

14

小坚 :　　我今天绝对178)是有事，成179)吗？
　　　　　Wǒ jīntiān juéduì shì yǒu shì, chéng ma?

---

177) 烦(fán): ⑧ 수고를 끼치다, 번거롭게 하다. ⑲ 1.답답하다, 산란하다, 괴롭다. 2.번거롭다, 귀찮다, 싫다. 3.번잡하다.
178) 绝对(juéduì): ⑲ 절대(의), 절대적(인), 아무런 조건·제한도 받지 않는. ㉻ 절대로, 완전히, 반드시.
179) 成(chéng): ⑲ 좋다, 괜찮다, OK. (승인·허가 표시)

明天，咱们明天再玩，成吗？说好了。成！
Míngtiān, zánmen míngtiān zài wán, chéng ma? shuōhǎo le。chéng!

就这么着180)，今天晚你给我打电话，成吗？成！
Jiù zhèmezhe, jīntiān wǎn nǐ gěi wǒ dǎ diànhuà, chéng ma? chéng!

挂181)了，啊。走吧！给钱啊。师傅182)，给您钱。
Guà le, a。zǒu ba! gěi qián a。shīfu, gěi nín qián。

---

180) 这么着(zhèmezhe・zhèmezháo): 代 이렇게(하다), 이와 같이(하다), 이리하여, 그래서, 이렇다면, 그러면. 就~~吧!
181) 挂(guà): 动 1.전화를 끊다, 수화기를 놓다. 2.걸다, 매달다.
182) 师傅(shīfu): 명 1.잘 모르는 이에 대한 존칭, 어떤 일에 숙달한 사람, 숙련공. 2.(학문・기예 등의) 스승, 사부, 사범. =[师父]

15

潇潇: 你过来！

Nǐ guòlái!

小坚: 嘿，干什么呢！别跑！站住！站住！

Hēi, gàn shénme ne! bié pǎo! zhànzhù! zhànzhù!

前面那小子站住！停车！站住！

Qiánmian nà xiǎozi zhànzhù! tíng chē! zhànzhù!

我叫你停车！别跑！站住！

Wǒ jiào nǐ tíng chē! bié pǎo! zhànzhù!

你怎么还敢183)走！ 滚184)！
Nǐ zěnme hái gǎn zǒu! gǔn!

螳螂： 怎么了？
Zěnme le?

小坚： 他偷我车呀！
Tā tōu wǒ chē ya!

小贵： 我没偷！
Wǒ méi tōu!

螳螂： 谁啊？
Shéi a?

---

183) 敢(gǎn): ㊥ 감히, 대담하게. ㊥ 용기가 있다, 용감하다.
184) 滚(gǔn): ㊥ 1.나가다, 물러가다, 꺼지다. 给我~出去！ 2.구르다, 굴리다. 3.(물이) 세차게 흐르다, 소용돌이 치다.

小坚： 没偷？ 我眼皮185)底下看见他把车推走。追他半天了都。
Méi tōu? wǒ yǎnpí dǐxià kànjiàn tā bǎ chē tuī zǒu。zhuī tā bàntiān le dōu。

朋友： 你哪儿来的呀？
Nǐ nǎr lái de yā?

螳螂： 还会偷车呀，你！
Hái huì tōu chē ya, nǐ!

朋友： 谁呀？这是…。
Shéi ya? zhè shì…。

小坚： 我不认识他！
Wǒ bú rènshi tā!

朋友： 给他送派出所去。
Gěi tā sòng pàichūsuǒ qù。

螳螂： 偷没偷车？
Tōu méi tōu chē?

小贵： 本来这车是我的，不是我偷的。
Běnlái zhè chē shì wǒ de, bú shì wǒ tōu de。

螳螂： 还是你的？ 哪儿写着是你的呢？废什么话！拿车，拿车走。
Hái shì nǐ de? nǎr xiě zhe shì nǐ de ne? fèi shénme huà! ná chē, ná chē zǒu。

---

185) 眼皮(yǎnpí): 1.눈꺼풀, 눈가죽 2.시야, 견문, 식견

小贵: 放开！
Fàng kāi!

小坚: 松手186)！放手187)！
Sōngshǒu! fàngshǒu!

朋友: 给他送派出所去。
Gěi tā sòng pàichūsuǒ qù。

螳螂: 你还较劲188)！还较劲！走，走，拿车走！
拿车走！还较劲！
Nǐ hái jiàojìn! hái jiàojìn! zǒu, zǒu, ná chē zǒu!
ná chē zǒu! hái jiàojìn!

朋友: 小东西！
Xiǎo dōngxi!

螳螂: 我的车你都敢偷。胆儿189)不小啊，你。
不服190)啊？
Wǒ de chē nǐ dōu gǎn tōu。dǎnr bù xiǎo a, nǐ。
bù fú a?

走，走，走！不认识啊！
Zǒu, zǒu, zǒu! bú rènshi a!

---

186) 松手(sōngshǒu): ⑧ 손을 놓다(늦추다).
187) 放手(fàngshǒu): ⑧ 손을 놓다(떼다·늦추다), 내버려 두다.
188) 较劲(jiàojìn): 힘(재능)을 겨루다, 경쟁하다, 힘쓰다.
189) 胆儿(dǎnr): ⑲ 담력, 용기 =[胆子]
190) 服(fú): ⑧ 1.복종하다, 순종하다. 2.복무하다, 담당하다.
　　3.적응하다, 익숙해지다. 4.복용하다, (약을) 먹다.

16

小坚: 哟191），你来了。玩会儿？挺好玩的。
Yō, nǐ lái le。wán huìr? tǐng hǎo wán de。

潇潇: 我不玩。
Wǒ bù wán。

---

191) 哟(yō): ㉺ 1.문장 끝에 쓰여서 소망이나 권유의 어감 표시.
2.문장 중에 쓰여 열거를 표시.

小坚: 反正待着192)也是待着，玩一会儿吧。

Fǎnzheng dài zhe yě shì dài zhe,

潇潇: 咱们走吧。

Zánmen zǒu ba。

小坚: 我肏193)！又完了。

Wǒ cào! yòu wán le。

朋友: 给我点儿镚儿194)。

Gěi wǒ diǎnr bèngr。

小坚: 你又死了？ 我也没了。还让我买呀，花多少钱啦。

Nǐ yòu sǐ le? wǒ yě méi le。hái ràng wǒ mǎi ya, huā duōshao qián la。

行，就这一次。我去买镚儿。

Xíng, jiù zhè yí cì。wǒ qù mǎi bèngr。

唉，看见潇潇了吗？

Āi, kànjiàn xiāoxiāo le ma?

朋友: 没看见。

Méi kànjiàn。

---

192) 待着(dài zhe): 'V+着'. (동작·상태의 지속) 기다리다.

193) 肏(cào): 🈲 성교하다. (주로 혼잣말이거나 혹은 남과 다툴 때 사용하는 욕설)

194) 镚儿(bèngr): 🈯 (~子) 작은 동전, 코인. 원래는 청말에 발행한 구멍이 없는 작은 동화(銅貨)를 가리켰으며, 지금은 소액의 경화(硬貨)를 가리킴.

小坚： 看见潇潇了吗？
　　　 Kànjiàn xiāoxiāo le ma?

螳螂： 没看见。
　　　 Méi kànjiàn。

小坚： 给你拿着锛儿。
　　　 Gěi nǐ ná zhe bèngr。

17

小坚父： 你说，这该找的地方我和你妈都找了。
　　　　 Nǐ shuō, zhè gāi zhǎo de dìfang wǒ hé nǐ mā dōu zhǎo le。

　　　　 它怎么就没有了呢？哎呀，这可195)真是急死196)我了。

---

195) 可(kě)： 문중에서 어기를 강조할 때 사용함.
196) 急死(jísi)： 程度補語式--안타까워 죽을 지경이다, 몹시 초조하게(애타게) 하다. =[急杀, 急煞]
　　　 'V/A+死':1. 결과보어식('得, 不 삽입 가능)--(~해서) 죽다.
　　　 打~ ｜ 烧~ ｜ 杀~ ｜ 病~ ｜ 饿~
　　　 2. 정도보어식('得, 不 삽입 불가능)--몹시(굉장히) ~하다, ~해 죽겠다. 忙~了 ｜ 高兴~了 ｜ 笑~人了 ｜ 气~我了
　　　 ※결과, 정도 두 가지 모두 가능한 경우: 这盆花儿干死了=

Tā zěnme jiù méi yǒu le ne? āiyā, zhè kě zhēn shì jísǐ wǒ le。

你说前两天吧。我还怕这东西放的不牢靠197)。

Nǐ shuō qián liǎngtiān ba。wǒ hái pà zhè dōngxi fàng de bù láokao。

结果这回可好。连198)我自个儿都找不着199)了。

[因干而死] ⇔ 嘴里干死了=[干极了]
본문의 '急死'는 '안타까워 죽을 지경이다'의 의미이지만, 전후 문맥에 따라 '화가 치밀어 죽다, 애타 죽다'도 가능함.

197) 牢靠(láokao): ㉠ 1.확실하다, 믿음직하다, 신뢰할 수 있다. 2.견고하다, 튼튼하다.

198) 连(lián): ㉡ ~조차도, ~까지도, ~마저도 (뒤에 '也', '都', '还' 등과 호응하여 단어나 구를 강조함)
'连+N': ~我都知道了, 他当然知道 | 他~饭也没吃就走了
'连+VP': ~下象棋都不会 | ~看电影也没兴趣 | ~他住在哪儿我也忘了问
'连+數量': 最近~一天也没休息 | 屋里~一个人也没有

199) 找不着(zhǎo bu zháo): 찾을 수 없다. '술보구조'--'找着'의 부정 가능보어식. 긍정식은 '找得着'.
㉠ 1.'着'가 타동사 뒤에 결과보어로 쓰여 목적에 도달하거나 목적이 달성되었음을 표현. '了', '过'가 뒤에 올 수 있으며, '得', '不'를 삽입할 수 있음. 猜~ | 打~了 | 找得~ | 我个子高, 够得~
2.자동사 혹은 형용사 뒤에 사용하여 결과나 영향이 나타났음을 표시. '了', '过'가 뒤에 올 수 있으며, '得', '不'를 삽입할 수 있음. 睡~过 | 饿~了 | 累不~ | 冻~了
3.어떤 동사 뒤에 반드시 '得', '不'를 사용하여 관용어구를 만듦. 일반적으로 의문문이나 부정문에 사용.
犯得(不)~ | 怪得(不)~ | 数得(不)~ | 顾得(不)~

Jiéguǒ zhè huí kě hǎo。lián wǒ zìgěr dōu zhǎo bu zháo le。

哎呀！你说咱们家呀！
Āiyā! nǐ shuō zánmen jiā ya!

这贼200)他要是来了，他也不知道从什么地方下手201)啊。
Zhè zéi tā yàoshi lái le, tā yě bù zhīdao cóng shénme dìfang xiàshǒu a。

咱们家最近也没有外人来呀。
Zánmen jiā zuìjìn yě méi yǒu wàirén lái ya。

---

200) 贼(zéi): 명 도둑, 적, 반역자, 악인
201) 下手(xiàshǒu): 동 손을 대다, 착수하다, 시작하다.

小坚，我本不想这么当面202)问你。
Xiǎojiān, wǒ běn bù xiǎng zhème dāngmiàn wèn nǐ。

可是不问又不行。你跟我说，你拿没拿？
Kěshì bú wèn yòu bù xíng。nǐ gēn wǒ shuō, nǐ ná méi ná?

小坚： 没拿。
Méi ná。

小坚父： 这两家人合在一块儿，她就是一家人了。
Zhè liǎng jiā rén hé zài yíkuàir, tā jiù shì yì jiā rén le。

你都这么大了。我想这个道理你应该懂。
Nǐ dōu zhème dà le。wǒ xiǎng zhè ge dàoli nǐ yīnggāi dǒng。

今天这丢钱的事就过去了，啊。不提了。
Jīntiān zhè diū qián de shì jiù guòqù le, ā。bù tí le。

你说你没拿，我信。谁让你是我的儿子了？
Nǐ shuō nǐ méi ná, wǒ xìn。shéi ràng nǐ shì wǒ de érzi le?

答不答应你的事儿，下个月开支203)，我一定

---

202) 当面(dāngmiàn): 🔖 마주 보다, 직접 맞대다. (문장 중에서 주로 부사어로 사용)

203) 开支(kāizhī): 🔖 1.방언. 임금을 지불하다. 2.지출하다.

把车给你推回来。

Dá bu dáyīng nǐ de shìr, xià ge yuè kāizhī, wǒ yídìng bǎ chē gěi nǐ tuī huílái。

这次我绝不食言204)。

Zhè cì wǒ jué bù shíyán。

小坚： 我不要了。

Wǒ bú yào le。

小坚父： 你这是生我的气205)呀。行了，不提了。去吧，回你屋去。

Nǐ zhè shì shēng wǒ de qì ya。xíng le, bù tí le。qù ba, huí nǐ wū qù。

㉢ 지출, 지불

204) 食言(shíyán): ㉤ 식언하다, 언약한대로 실행하지 않다.
205) 生我的气(shēng wǒ de qì): '生气'--화내다, 성내다. 離合詞로서 '气' 앞에 관형어가 온 형태.

经理： 我靠206), 不会吧。还真让他给找着了。
嘿，醒醒！有你的。

Wǒ kào, bú huì ba。hái zhēn ràng tā gěi zhǎozháo le。hēi, xǐngxǐng! yǒu nǐ de。

我说你们那儿的人是不是都有点"秋菊打官司"207)的劲呀？

---

206) 靠(kào): 老北京话 '肏'와 같은 뜻.
207) 秋菊打官司(qiūjúdǎguānsi): 1992년 북경영화학원 청년영화 제작소가 제작하고 장예모가 감독한 영화이다. 유명 여배우 공리가 주연인 秋菊역을 맡아 열연했으며, 제목《秋菊打官司》는 '추국이 소송을 걸다'라는 뜻이다. 한국에서는

Wǒ shuō nǐmen nàr de rén shì bu shì dōu yǒudiǎn "qiūjúdǎguānsi"de jìn ya?

会计: 没事吧？

Meí shì ba?

经理: 没事，得，人不留天留208)。我也发发慈悲209)。进去吧，以后小心着点儿。

Méi shì, dé, rén bù liú tiān liú。wǒ yě fāfa cíbēi。jìnqù ba, yǐhòu xiǎoxīn zhe diǎnr。

保卫: 先生，你早！

Xiānsheng, nǐ zǎo!

《귀주이야기》란 제목으로 상영된 바 있다. 주인공 추국이 마을촌장과의 갈등문제를 관청에 끈질기게 소송을 제기하며 자신의 자존심과 권리를 찾아 가는 과정이 섬세하고 사실적으로 잘 묘사되어 있다.

208) 人不留天留(rén bù liú tiān liú): 사람이 붙잡지 않으면 하늘이 붙잡는다.

209) 慈悲(cíbēi): 명 동 자비(를 베풀다).

19

朋友： 玩车去，去吗？
Wán chē qù, qù ma?

螳螂： 走吧，快点！
Zǒu ba, kuài diǎn!

小坚： 你们自己去吧！
Nǐmen zìjǐ qù ba!

朋友： 走吧，都去。
Zǒu ba, dōu qù。

螳螂: 走吧！

Zǒu ba!

小坚: 你们烦不烦呀，自己去吧。

Nǐmen fán bu fán ya, zìjǐ qù ba。

螳螂: 嘿，那我们自己走了。

Hēi, nà wǒmen zìjǐ zǒu le。

朋友: 我们走了啊。

Wǒmen zǒu le ā。

朋友: 老地方找我们去啊。

Lǎo dìfang zhǎo wǒmen qù ā。

潇潇: 你别生气了，不就一辆车吗。丢了就丢了。
你再买一辆不就完了。

Nǐ bié shēngqì le, bú jiù yí liàng chē ma。diū le jiù diū le。nǐ zài mǎi yí liàng bú jiù wán le。

你看你整天垂头丧气的210)，至于211)吗？

Nǐ kàn nǐ zhěngtiān chuítóu sàngqì de, zhìyú ma?

---

210) 垂头丧气(chuítóu sàngqì): 成語. 풀이 죽고 기가 꺾이다, 의기소침하다. =[垂头捌翼], [低dī头丧气]

211) 至于(zhìyú): 동 ~할 필요(가치)가 있다, ~의 정도에 이르다, ~한 결과에 달하다, ~할 지경이다.
전 ~으로 말하면, ~에 관해서는 (화제를 바꾸거나 제시할 때) 접 때에 이르러 =[等到]

小坚： 至于！
Zhìyú!

潇潇： 对不起，那咱们走吧。
Duì bu qǐ, nà zánmen zǒu ba。

小坚： 你先走吧。
Nǐ xiān zǒu ba。

潇潇： 那你没有车……我可以带着你呀。
Nà nǐ méi yǒu chē……wǒ kěyǐ dài zhe nǐ ya。

小坚： 谁用你带我啊！
Shéi yòng nǐ dài wǒ a!

潇潇： 那要不，你带着我。
Nà yàobù, nǐ dài zhe wǒ。

小坚： 没你我回不去家呀？你先走吧，烦不烦呀！
Méi nǐ wǒ huí bu qù jiā ya? nǐ xiān zǒu ba, fán bu fán ya!

20

秋生： 小贵，你可别瞎212)想啊。咱没有那个命213)。

回来吧，你。

Xiǎoguì, nǐ kě bié xiā xiǎng a。zán méi yǒu nà ge mìng。huílái ba, nǐ。

21

小坚： 这是谁呀？

Zhè shì shéi ya?

螳螂： 大欢呀！真是的。他就是大欢。

Dàhuān ya! zhēn shì de。tā jiù shì dàhuān。

大欢同伙： 慢点儿，慢点儿！

Màndiǎnr, màndiǎnr!

---

212) 瞎(xiā)：㊥ 함부로, 헛되이, 무턱대고, 되는대로 ㊦ 눈이 멀다, 실명하다.
213) 没命(méimìng)：㊦ 1.복(福)이 없다. 2.죽다. 3.목숨을 걸다, 모든 것을 무릅쓰다.

螳螂: 哎，对了。你那车真是偷的？
Āi, duì le。nǐ nà chē zhēn shì tōu de?

小坚: 去你的214)，你才215)偷呢，混蛋216)！
Qù nǐ de, nǐ cái tōu ne, húndàn!

螳螂: 一辆破车你至于吗？就是你偷的。
Yí liàng pò chē nǐ zhìyú ma? jiù shì nǐ tōu de。

小坚: 废什么话，跟我这儿？
Fèi shénme huà, gēn wǒ zhèr?

---

214) 去你的(qù nǐ de): 1. 저리 가거라, 그만 둬, 입 닥쳐! (귀찮을 때나 간섭 받고싶지 않을 때 씀) 2. 마음대로 해라!
215) 才(cái): 🔍 ~야말로 (강조의 어기를 나타냄)
216) 混蛋(húndàn): (욕설). 개자식, 망할 자식, 머저리 같은 놈 =[浑虫], [混虫], [混蛋]

螳螂: 不是，你急217)什么呀？
Búshì nǐ jí shénme ya?

小坚: 我今儿急了怎么了？怎么着？
Wǒ jīnr jí le zěnme le? zěnmezhāo?

螳螂: 急什么呀？
Jí shénme ya?

小坚: 我今儿急了怎么了？跟我说干嘛呀？
Wǒ jīnr jí le zěnme le? gēn wǒ shuō gànmá ya?

你再说一遍！
Nǐ zài shuō yí biàn!

螳螂: 我说了又怎么着？
Wǒ shuō le yòu zěnmezhe?

小坚: 你说什么呢，你！
Nǐ shuō shénme ne, nǐ!

螳螂: 怎么了？你可真逗218)！嘿，真逗！
Zěnmele? nǐ kě zhēn dòu! hēi, zhēn dòu!

小坚: 抽219)我！

---

217) 急(jí): 동 1.초조해하다, 안달하다, 조급하게 서두르다.
2. 조급하게 하다, 초조하게 하다, 애태우다.
형 1.(성미가)급하다. 2.급하다, 급격하다, 빠르고 세차다.
3.긴급하다, 급박하다.
218) 逗(dòu): 동 1.웃기다. 这话真~! 2.어르다, 희롱하다, 놀리다. 3.끌다, 자아내다, 유발하다.

Chōu wǒ!

螳螂: 抽你怎么了？啊！不是跟你开玩笑吗！
Chōu nǐ zěnmele? ā! bú shì gēn nǐ kāi wánxiào ma!

小坚: 你开他妈什么玩笑！
Nǐ kāi shénme wánxiào!

朋友: 来劲儿220), 是吧?
Lái jìnr, shì ba!

小坚: 我就来劲儿了，怎么着？
Wǒ jiù lái jìnr le, zěnmezhe?

---

219) 抽(chōu): 때리다, 치다.
220) 来劲(儿)(láijìnr): ⓢ 방언. 1.힘이 솟다, 기운이 나다, 득의양양해지다. 2.강경해지다, 화를 내다. 3.신명나다, 흥겨워하다. ⓗ 1.격동시키다, 흥분시키다. 2.성하다, 도지다, 더하다.

螳螂： 开个玩笑你至于吗？
　　　 Kāi ge wánxiào nǐ zhìyú ma?

朋友： 别闹221)！有话好好说。
　　　 Bié nào! yǒu huà hǎohāor shuō。

螳螂： 至于吗？
　　　 Zhìyú ma?

朋友： 有话好好说。
　　　 Yǒu huà hǎohāor shuō。

小坚： 跟我谈哥们儿，你？你算222)吗？
　　　 Gēn wǒ tán ma, nǐ? nǐ suàn ma?

螳螂： 不就跟你开个玩笑吗？
　　　 Bú jiù gēn nǐ kāi ge wánxiào ma?

小坚： 有他妈那么开玩笑的吗？
　　　 Yǒu tā mā nàme kāi wánxiào de ma?

朋友： 别说了！
　　　 Bié shuō le!

大欢： 我们先走了，再见！
　　　 Wǒmen xiān zǒu le, zàijiàn!

---

221) 闹(nào)：⑧ 떠들다, 아우성치다, 소란을 피우다. ⑱ 떠들썩하다, 시끄럽다, 안정되지 않다.
222) 算(suàn)：⑧ 1.계산하다, 치다, 셈(하다). 2.계산에 넣다, 셈에 넣다, 포함시키다.

大欢同伙: 大欢,慢点儿啊!

Dàhuān, màndiǎnr a!

螳螂: 这车要真不是你偷的,那咱们找它去啊。

Zhè chē yào zhēn bú shì nǐ tōu de, nà zánmen zhǎo tā qù a。

哥儿几个谁知道那小子223)在那儿干活的?

Gēr jǐ ge shéi zhīdao nà xiǎozi zài nàr gànhuór de?

朋友: 听他说好像在什么速递公司。

Tīng tā shuō hǎoxiàng zài shénme sùdì gōngsī。

朋友: 飞达!

Fēidá!

---

223) 小子(xiǎozi): 몡 1.사내아이 2.(이)놈, (이)녀석, (이)자식
3.(어린 남자) 하인, 동복, 종
(xiǎozi): 몡 1.어린 사람 2.선생이 제자를, 선배가 후배를 부르는 말. 3.저, 소인, 소생.(자신의 겸칭)

22

朋友们： 站住，别跑！你往哪儿跑！绊住[224]他！
Zhànzhù, bié pǎo! nǐ wǎng nǎr pǎo! bànzhù tā!

朋友： 小坚，你的车没事吧？
Xiǎojiān, nǐ de chē méi shì ba?

小坚： 没事。赶紧走，快点！
Méi shì。gǎnjǐn zǒu, kuài diǎn!

23

螳螂： 行了，坚子。别多想了，就是它了。我们先走了。
Xíng le, jiānzi。bié duō xiǎng le, jiù shì tā le。wǒmen xiān zǒu le。

小坚父： 哪儿？
Nǎr?

---

224) 绊住(bànzhù): (술보). 1.(다리 걸어서) 잡다. 2.묶어 매다, 걸리다. 3.방해(장애)를 받다, 일에 얽매이다.

小贵: 就这儿。
Jiù zhèr。

小坚父: 好你个小子！
Hǎo nǐ ge xiǎozi!

小坚: 干什么打我，你！
Gàn shénme dǎ wǒ, nǐ!

小坚父: 你学会225)偷东西了，你！
Nǐ xuéhuì tōu dōngxi le, nǐ!

小坚: 我没偷！
Wǒ méi tōu!

小坚父: 你没偷，没偷这自行车怎么到你手里了？

---

225) 学会(xuéhuì): (술보). 1.마스터하다, 습득하다, 배워서 할 수 있(게 되)다. ⑲ 학회, 학술상의 단체.

Nǐ méi tōu, méi tōu zhè zìxíngchē zěnme dào nǐ shǒuli le?

小坚: 这是你自己不讲信用226), 说给我买车买了几年了?

Zhè shì nǐ zìjǐ bù jiǎng xìnyòng, shuō gěi wǒ mǎi chē mǎi le jǐ nián le?

一到买车就找不到你。说好227)了下周考上228)职高229)了就买。

Yí dào mǎi chē jiù zhǎobudào nǐ。shuōhǎo le xiàzhōu kǎoshàng zhígāo le jiù mǎi。

我考上了, 车呢? 你给我买了吗?

Wǒ kǎoshàng le, chē ne? nǐ gěi wǒ mǎi le ma?

还有上次期中考试, 你说让我考全班前五名,

Hái yǒu shàngcì qīzhōng kǎoshì, nǐ shuō ràng wǒ kǎo quánbān qián wǔmíng,

---

226) 讲信用(jiǎng xìnyòng): 신용을 중시하다.
227) 说好(shuōhǎo): '술보'. (어떤 일에 대한)이야기를 끝내다, 말의 매듭을 짓다, 이야기를 마무리 짓다.
228) 考上(kǎoshàng): '술보'. 합격하다. '上'은 동사 뒤에 쓰인 결과보어.
결과보어'上'--목적의 실현이나 가능, 도달, 지속 등 표시.
방향보어'上'--높은 곳으로 향함을 나타냄.
229) 职高(zhígāo): '职业高中'(실업고등학교)의 준말.

我考了全校第五名，你给我买了吗？这次又是为了230)她。

Wǒ kǎo le quánxiào dì wǔmíng, nǐ gěi wǒ mǎi le ma? zhè cì yòu shì wèile tā.

为了她上重点中学，你们合起伙231)来蒙232)我对不对？

Wèile tā shàng zhòngdiǎn zhōngxué, nǐmen héqi huǒ lái mēng wǒ duì bu duì?

你看我是小孩儿啊？我下次再也不相信你们的话了！

Nǐ kàn wǒ shì xiǎoháir a? wǒ xiàcì zài yě bù xiāngxìn nǐmen de huà le!

我再也不会上你们的当233)了！

Wǒ zài yě bú huì shàng nǐmen de dāng le!

小坚父： 家长有什么做得不对234)的地方……那你也不能去偷车呀！

---

230) 为了(wèile): ㊜ ~를 위하여.(목적을 나타냄) ＝[为着]
231) 合伙(héhuǒ): ㊜ 한패가 되다, 동료가 되다, 동업하다. ＝[搭伙(儿)], [打伙(儿)]
232) 蒙(mēng): ㊜ 1.속이다, 기만하다. 2.(적당히)짐작하다, (멋대로)추측하다.
233) 上当(shàngdāng): ㊜ 속다, 꾐에 빠지다, 속임수에 걸리다. ＝[上档]
234) 做得不对(zuòde búduì): 잘못 하다, 실수하다. ('状态补语式'-- 동사나 형용사 뒤에 '得'을 동반하여 그 동작·행위의 모습·성질·상태가 어떠한 모습인지를 구체적으로 묘사)

Jiāzhǎng yǒu shénme zuòde búduì de dìfang
　　　　　……nà nǐ yě bù néng qù tōu chē ya!

小坚：　　我没去偷车！
　　　　　Wǒ méi qù tōu chē!

小坚父：　你没偷这车怎么到你手里了？
　　　　　Nǐ méi tōu zhè chē zěnme dào nǐ shǒuli le?

小坚：　　我自己买的。
　　　　　Wǒ zìjǐ mǎi de。

小贵：　　不对，他是偷的。这车是我的。
　　　　　Bú duì, tā shì tōu de。zhè chē shì wǒ de。

小坚：　　车是我自己买的，我没偷你的。
　　　　　Chē shì wǒ zìjǐ mǎi de, wǒ méi tōu nǐ de。

小坚父：　你松手！你买，你拿什么买呀？钱呢？你有钱吗？
　　　　　Nǐ sōngshǒu! nǐ mǎi, nǐ ná shénme mǎi ya? qián ne? nǐ yǒu qián ma?

　　　　　你的钱哪儿来的？说呀！
　　　　　Nǐ de qián nǎr lái de? shuō ya!

小坚：　　该我买车的钱。
　　　　　Gāi wǒ mǎi chē de qián。

小坚父：　什么该你买车的钱？
　　　　　Shénme gāi nǐ mǎi chē de qián?

小坚: 该我买车的钱就是我的钱。我自己想动就动, 你管不着235)！

Gāi wǒ mǎi chē de qián jiù shì wǒ de qián。wǒ zìjǐ xiǎng dòng jiù dòng, nǐ guǎn bu zháo!

小坚父: 混蛋！

Húndàn!

小坚: 你为什么打我？凭什么打我？

Nǐ wèishénme dǎ wǒ? píng shénme dǎ wǒ?

小坚父: 混蛋, 你！你偷到家里来了。到底是你干的！

Húndàn, nǐ! nǐ tōu dào jiālǐ lái le。dàodǐ shì nǐ gàn de!

小坚: 你给我买车了吗, 你？这么大人说话不算话236)！跟我说过几遍了？

Nǐ gěi wǒ mǎi chē le ma nǐ? zhème dàrén shuōhuà bú suànhuà! gēn wǒ shuō guo jǐ biàn le?

小坚父: 行了！今儿237)这事弄清楚了。是我们不对, 是我对不起你。

Xíng le! jīnr zhèshì nòng qīngchu le。shì

---

235) 管不着(guǎn bu zháo): 관여하지 마세요! 신경쓰지 마세요! '~不着': ~할 수 없다, ~하지 못하다, ~하지 말라.

236) 算话(suànhuà): ⑤ 말에 책임을 지다, 말한대로 하다. 说话算话

237) 今儿(jīnr): 북경방언. 오늘 =[今天]

wǒmen bú duì, shì wǒ duìbuqǐ nǐ.

推上238)你的车，走人！

Tuīshàng nǐ de chē, zǒurén!

小坚： 你为什么让他把车推走？车是我自己买的。

Nǐ wèishénme ràng tā bǎ chē tuīzǒu? chē shì wǒ zìjǐ mǎi de.

小坚父： 你松手！你给我松手！

Nǐ sōngshǒu! nǐ gěi wǒ sōngshǒu!

小坚： 不能把它推走！你给我拿回来！拦住239)他！

Bù néng bǎ tā tuīzǒu! nǐ gěi wǒ ná huílái! lánzhù tā!

小坚父： 我看你们谁敢！

Wǒ kàn nǐmen shéi gǎn!

小坚： 我敢拦住他！你给我回来！你把车给我！给我！为什么拿我的车？

Wǒ gǎn lánzhù tā! nǐ gěi wǒ huílái! nǐ bǎ chē gěi wǒ! gěi wǒ! wèishénme ná wǒ de chē?

你把车还给我！我自己买的车，没偷没抢240)。凭什么！凭什么！

---

238) 推上(tuīshàng): '술보'. 밀고 가다. 결과보어'V+上'--목적의 실현이나 지속, 가능, 도달 등 표시.

239) 拦住(lánzhù): '술보'. Ⓢ 꽉 막다, 차단하다.

Nǐ bǎ chē huán gěi wǒ! wǒ zìjǐ mǎi de chē, méi tōu méi qiǎng。píng shénme! píng shénme!

24

蓉蓉: 我妈妈跟你爸爸都说是我们不对，光想着我了，没想着你。

Wǒ māma gēn nǐ bàba dōu shuō shì wǒmen bú duì, guāng xiǎngzhe wǒ le, méi xiǎngzhe nǐ。

我也觉得那车是你的。就算在二手241)车市场，那也是买的，不是偷的。

Wǒ yě juéde nà chē shì nǐ de。jiù suàn zài èrshǒu chē shìchǎng, nà yě shì mǎi de, bú shì tōu de。

这样太不公平。

Zhèyàng tài bù gōngpíng。

---

240) 抢(qiǎng): 동 1.빼앗다, 탈취하다, 약탈하다. 2.앞다투어 ~하다, 앞을 다투다.

241) 二手(èrshǒu): 형 간접적인, 여러 사람의 손이나 혹은 여러 장소를 거친. 二手货: 중고(품). 명 조수(助手).

25

螳螂: 坚子!这事儿不能这么算了吧?他说这车是他的,你就给他。

Jiānzi! zhèshìr bù néng zhème suàn le ba? tā shuō zhè chē shì tā de, nǐ jiù gěi tā.

那我还说这车是我的,你不给我呀?

Nà wǒ hái shuō zhè chē shì wǒ de, nǐ bù gěi wǒ ya?

再说了,这也是你花钱买的,对不对?

Zài shuō le, zhè yě shì nǐ huāqián mǎi de, duì bu duì?

朋友： 他不是说车给242)人偷了吗？
Tā bú shì shuō chē gěi rén tōu le ma?

螳螂： 他的车给人偷了，那找小偷，找得着咱们吗？咱又不是小偷。
Tā de chē gěi rén tōu le, nà zhǎo xiǎotōu, zhǎodezháo zánmen ma? zán yòu bú shì xiǎotōu。

朋友： 坚子，这回咱可够窝囊243)的，咱原来可从来没这样过，真的！
Jiānzi, zhè huí zán kě gòu wōnang de, zán yuánlái kě cónglái méi zhèyàngguo, zhēn de!

螳螂： 咱可没受过这气244)！坚子，你一句话咱哥儿245)几个再找他去，把车要回来。
Zán kě méi shòuguo zhè qì! jiānzi, nǐ yí jù huà zán gēr jǐ ge zài zhǎo tā qù, bǎ chē yào huílái。

朋友： 你说一句话，你说过去咱们都过去。
Nǐ shuō yí jù huà, nǐ shuō guòqù zánmen dōu guòqù。

---

242) 给(gěi): ㉠ =[被] 피동 표시 전치사. 门~风吹开了 ｜衣服~雨淋湿了

243) 窝囊(wōnang): ㉠ 북방방언. (억울한 일을 당해) 분하다, 억울하다. 2.무능하다, 겁약하다, 칠칠치(야무지지) 못하다.

244) 受气(shòuqì): ㉠ 1.모욕을 당하다, 학대 받다. 2.분을 참다.

245) 哥儿(gēr): ㉠ 1.사이좋은 친구, 단짝 2.형제 3.도련님

螳螂： 就等你一句话了。
Jiù děng nǐ yí jù huà le。

26

螳螂： 我发现你怎么这么逗啊。这是谁的车啊？
Wǒ fāxiàn nǐ zěnme zhème dòu a。zhè shì shéi de chē a?

小贵: 这是我的车。
Zhè shì wǒ de chē。

朋友: 是你的吗？是你的吗？
Shì nǐ de ma? shì nǐ de ma?

螳螂: 这是我们哥儿们买的。
Zhè shì wǒmen gērmen mǎi de。

朋友: 跟他废什么话呀！
Gēn tā fèi shénme huà ya!

小贵: 这本来就是我的车，还有记号246)呢。
Zhè běnlái jiù shì wǒ de chē, hái yǒu jìhào ne。

螳螂: 还有记号？哪儿？
Hái yǒu jìhào? nǎr?

小贵: 就在这儿，就这个。
Jiù zài zhèr, jiù zhè ge。

朋友: 就划247)了两道啊？
Jiù huà le liǎng dào a?

朋友: 等会儿啊，等会儿啊。哦，车来了。哎！记号，是你的吗？
Děng huìr a, děng huìr a。ò, chē lái le。āi! jìhào, shì nǐ de ma?

246) 记号(jìhào): 图 기호, 표시, 마크 =[标记] 图 '述宾구조'. 표시를 하다, 기호를 붙이다.
247) 划(huà): 图 긋다, 가르다, 나누다, 구분하다, 분할하다.

都是你的。拿走，要不要啊？

Dōu shì nǐ de。ná zǒu, yào bu yào a?

螳螂： 照248)你这么说，下次得249)辆车，你一天随便找辆车，一刮250)你就说你拿走。

你还干，这干嘛251)呀？

Zhào nǐ zhème shuō, xiàcì dé liàng chē, nǐ yìtiān suíbiàn zhǎo liàng chē, yì guā nǐ jiù shuō nǐ názǒu。nǐ hái gàn, zhè gànmá ya?

拿辆车天天252)卖呀？

Ná liàng chē tiāntiān mài ya?

小贵： 这车本来就是我的。

Zhè chē běnlái jiù shì wǒ de。

螳螂： 还是你的！喔253)，肏！说了这么半天还是你的！

Hái shì nǐ de! ō, cào! shuō le zhème bàntiān hái shì nǐ de!

朋友： 你这么拧254)啊，你怎么？

---

248) 照(zhào): ㊅ 1.~에 의하면, ~하기에는 ~我看 2.~대로, ~에 따라 ~常营业 ㊇ (빛이)비치다, 빛나다.

249) 得(dé): ㊇ 얻다, 획득하다.

250) 刮(guā): ㊇ (칼날로) 깎다, 긋다, 밀다.

251) 干嘛(gànmá): ㊅ 무엇 때문에, 어째서, 왜, 무엇을 하는가

252) 天天(tiāntiān): (~儿) 매일, 날마다 =[每天]

253) 喔(ō): ㊂ 1.아니! 아이쿠! 아차! (놀람·고통 등의 어기 표시) 2.아! 오! (말이나 행동 따위를 이해했음)

螳螂: 这么半天还是你的！
Nǐ zhème nìng a, nǐ zěnme?
Zhème bàntiān hái shì nǐ de!

朋友: 真够拧啊，你！
Zhēn gòu nìng a, nǐ!

螳螂: 你琢磨琢磨255)！我问你最后一遍。这车是谁的？
Nǐ zhuómo zhuómo! wǒ wèn nǐ zuìhòu yí biàn. zhè chē shì shéi de?

小费: 这车本来就是我的。
Zhè chē běnlái jiù shì wǒ de.

螳螂: 谁的？
Shéi de?

小费: 就是我的！
Jiù shì wǒ de!

螳螂: 谁的？啊？谁的？
Shéi de? ā? shéi de?

---

254) 拧(nìng): 방언. (성미가) 고집스럽다, 까다롭다, 비꼬이다. 他的脾气可真~

255) 琢磨(zhuómo): 생각하다, 사색하다, 음미하다, 궁리하다.
(zhuómó): 1.탁마하다. 2.(옥이나 돌을) 갈다, 다듬다. 3.(학문이나 덕행을) 닦다.

小贵: 这车是我的！
Zhè chē shì wǒ de!

螳螂: 问你话！别拉着我！还是你的！
Wèn nǐ huà! bié lāzhe wǒ! hái shì nǐ de!

朋友: 待一会儿，待一会儿！我来跟你讲理256)。这车原来是谁的，我……
Dài yíhuìr, dài yíhuìr! wǒ lái gēn nǐ jiǎnglǐ。
zhè chē yuánlái shì shéi de, wǒ……

朋友: 你甭跟他讲理。
Nǐ béng gēn tā jiǎnglǐ。

朋友: 你待一会儿！甭管257)！这车原来是谁的我管不着。我也不用管。
Nǐ dài yíhuìr! béng guǎn! zhè chē yuánlái shì shéi de wǒ guǎnbuzháo。wǒ yě bú yòng guǎn。

我就知道这车是前两天我们哥们儿花了五百块钱从旧车市场258)买的这车，
Wǒ jiù zhīdao zhè chē shì qián liǎng tiān wǒmen gēmenr huā le wǔbǎi kuài qián cóng jiùchē shìchǎng mǎi de zhè chē,

---

256) 讲理(jiǎnglǐ): 동 1.이치를 따지다, 시비(是非)를 가리다.
2.도리를 알다(따르다), 이치에 밝다.

257) 管(guǎn): 동 1.간섭(참여,상관)하다. 2.관리(담당)하다, 책임지다. 3.단속(통제,지도)하다.

258) 旧车市场(jiùchē shìchǎng): 중고자전거시장

而且买完259)以后还换了好多东西。象什么闸皮260)呀，闸把儿261)什么的262)。
Érqiě mǎiwán yǐhòu hái huàn le hǎo duō dōngxi。xiàng shénme zhápí ya, zhábǎr shénmede。

朋友： 闸皮是我换的。这一对闸皮八十。我花了一百块钱，还剩263)我二十。
Zhápí shì wǒ huàn de。zhè yí duì zhápí bāshí。wǒ huā le yìbǎi kuài qián, hái shèng wǒ èrshí。

你看，看见264)了吗？看见了吗？
Nǐ kàn, kànjiàn le ma? kànjiàn le ma?

朋友： 二十块钱。这车原来是谁的，我真不管。
Èrshí kuài qián。zhè chē yuánlái shì shéi de, wǒ zhēn bu guǎn。

我就知道这车是我哥们儿花五百块钱从旧车市场买的。
Wǒ jiù zhīdao zhè chē shì wǒ gēmenr huā wǔbǎi kuài qián cóng jiùchē shìchǎng mǎi de。

---

259) 买完(mǎiwán): '술보구조'.
260) 闸皮(zhápí): 명 브레이크 고무
261) 闸把儿(zhábǎr): 명 브레이크 손잡이
262) 什么的(shénmede): 등등(따위). (하나의 성분이나 몇 개의 병렬 성분 뒤에 쓰임)
263) 剩(shèng): 동 남다.
264) 看见(kànjiàn): '술보'(결과보어식).

所以这车现在就应该是我哥们儿的。谁偷的呀，你就找来的。
Suǒyǐ zhè chē xiànzài jiù yīnggāi shì wǒ gēmenr de。shéi tōu de ya, nǐ jiù zhǎo lái de。

小贵： 这车本来就是我的。
Zhè chē běnlái jiù shì wǒ de。

螳螂： 还是你的，废什么话呀！
Hái shì nǐ de, fèi shénme huà ya!

朋友： 甭跟他废话，拿车！
Béng gēn tā fèihuà, ná chē!

小坚： 等会儿，等会儿，我跟他说。这么说吧。
Děng huìr, děng huìr, wǒ gēn tā shuō。zhème shuō ba。

不管[265]原来发生什么事，不管这车到底是谁的，现在这车，我跟你说，
Bùguǎn yuánlái fāshēng shénme shì, bù guǎn zhè chē dàodǐ shì shéi de, xiànzài zhè chē, wǒ gēn nǐ shuō,

我是花五百块钱从市场上买回来的。
Wǒ shì huā wǔbǎi kuài qián cóng shìchǎng shàng mǎi huílái de。

---

265) 不管(bùguǎn): ㉠ ~에 관계 없이, ~을 막론하고 ㉡ 관계(간섭, 상관)하지 않다.

你说你的车让266)人偷了，让人偷了管267)我什么事啊？

Nǐ shuō nǐ de chē ràng rén tōu le, ràng rén tōu le guǎn wǒ shénme shì a?

这车是我买的。你找小偷去。找我吗，你？

Zhè chē shì wǒ mǎi de。nǐ zhǎo xiǎotōu qù。zhǎo wǒ ma, nǐ?

这么跟你说，这车我今儿拿定268)了。

Zhème gēn nǐ shuō, zhè chē wǒ jīnr nádìng le.

小贵： 谁能证明269)这车不是你偷的？

Shéi néng zhèngmíng zhè chē bú shì nǐ tōu de?

---

266) 让(ràng): 피동의미의 '让'.
267) 管(guǎn): ⑧ 관련하다, 상관하다.
268) 拿定(nádìng): '술보'(결과보어식). 결정하다, 결심하다.
269) 证明(zhèngmíng): ⑲ ⑧ 증명(하다). ⑲ 증명서, 증서, 소개장

螳螂: 嘿！松手！还较劲！

Hēi! sōngshǒu! hái jiàojìn!

朋友们: 拽住270)了！扒271)他手！快动手272)！快！松手！拽住了他！

Zhuāizhù le! pá tā shǒu! kuài dòngshǒu! kuài! sōngshǒu! zhuāizhù le tā!

螳螂: 这么着吧！哥儿几个都累了吧？也饿了，是吧？

Zhèmezháo ba! gēr jǐ ge dōu lèi le ba? yě è le, shì ba?

朋友: 你说呢？

Nǐ shuō ne?

螳螂: 哎！我有一个主意273)。

Āi! wǒ yǒu yí ge zhǔyi。

朋友: 什么主意，快说！

Shénme zhǔyi, kuài shuō!

螳螂: 说说啊。哎，这车你要真是喜欢，你拿走。

---

270) 拽住(zhuāizhù): '술보'. '拽': 동 (갑자기 세게)잡아 당기다, (힘들여)잡아 끌다.

271) 扒(pá): 동 1.빼다, 파다, 긁어내다. 2.(의지할 것을) 붙잡다, 달라붙다. 3.헐다, 허물다.

272) 动手(dòngshǒu): 동 1.손을 대다. 2.사람을 때리다, 손찌검하다. 3.시작하다, 착수하다. =[下手],[着手]

273) 主意(zhǔyi): 명 생각, 의견, 주견, 주관, 방법

没问题。

Shuōshuo a。āi, zhè chē nǐ yào zhēn shì xǐhuan, nǐ názǒu。méi wèntí。

但是这车是小坚花钱买的，现在车没了，钱得有吧？

Dànshì zhè chē shì xiǎojiān huā qián mǎi de, xiànzài chē méi le, qián děi yǒu ba?

所以人家得274)拿钱回去，对不对？小坚, 这车多少钱买的？

Suǒyǐ rénjia děi ná qián huíqù, duì bu duì? xiǎojiān, zhè chē duōshao qián mǎi de?

小坚： 五百。

Wǔbǎi。

螳螂： 怎么了？你给五百块钱，行不行？五百块钱你把车拿走。

Zěnmele? nǐ gěi wǔbǎi kuài qián, xíng bu xíng? wǔbǎi kuài qián nǐ bǎ chē názǒu。

朋友： 这车闸还没算你钱哪，你值了。五百块钱, 你真值。

Zhè chēzhá hái méi suàn nǐ qián na, nǐ zhí le。 wǔbǎi kuài qián, nǐ zhēn zhí。

小贵： 我没钱，再说我都花过275)钱了。

---

274) 得(děi): 조동사. (마땅히)~해야 한다. =[必须],[须要]

275) 花过(huāguo): 囹 'V+过'. '~过': 动态助词로서 동사 동작행

Wǒ méi qián, zài shuō wǒ dōu huāguo qián le。

螳螂: 花过钱？我也花过钱，谁没花过钱呀？
Huāguo qián? wǒ yě huāguo qián, shéi méi huāguo qián ya?

朋友: 别忘了，闸皮还是我花的钱哪。对不对？这里还有我的钱哪。
Bié wàng le, zhápí hái shì wǒ huā de qián na。duì bu duì? zhèlǐ hái yǒu wǒ de qián na。

螳螂: 哎，给四百块钱，行不行？四百了。四百块钱，四张…钱，行不行？
Āi, gěi sìbǎi kuài qián, xíng bu xíng? sìbǎi le。sìbǎi kuài qián, sìzhāng… qián, xíng bu xíng?

朋友: 你怎么这么木276)啊？
Nǐ zěnme zhème mù a?

螳螂: 三百块钱行吗？大哥，你说句话，行吗？
Sānbǎi kuài qián xíngma? dàgē, nǐ shuō jù huà, xíngma?

朋友: 是不是嫌277)钱太多了？
Shì bu shì xián qián tài duō le?

위의 '경험, 완료' 등을 나타냄.
경험-- 这本小说我看~ | 我们曾经谈~这个问题 | 我们走~不少地方 완료-- 吃~饭再去 | 等我问~了他再告诉你

276) 木(mù): ⓗ 무감각하다. ~头~脑 ⓕ 마비되다, 굳다, 저리다.
277) 嫌(xián): ⓕ 꺼리다, 싫어하다, 불만스럽게 생각하다, 역겨워하다.

朋友： 大哥，你说这事怎么办呀？
Dàgē, nǐ shuō zhè shì zěnme bàn ya?

朋友： 你出个主意，你主意最多了。我都待一天了，都累了。
Nǐ chū ge zhǔyi, nǐ zhǔyi zuì duō le。wǒ dōu dài yì tiān le, dōu lèi le。

螳螂： 哥儿几个都不行了，是吧？
Gēr jǐ ge dōu bù xíng le, shì ba?

朋友： 谁行啊，都一天了。
Shéi xíng a, dōu yì tiān le。

螳螂： 这么着吧，我还有一个主意。
Zhèmezháo ba, wǒ hái yǒu yí ge zhǔyi。

朋友： 是好主意吗？快说！
Shì hǎo zhǔyi ma? kuài shuō!

螳螂： 这车呀，你跟小坚一人骑一天。
Zhè chē ya, nǐ gēn xiǎojiān yì rén qí yì tiān。

朋友： 这叫什么主意呀！一猜278)就不是什么好主意。
Zhè jiào shénme zhǔyi ya! yì cāi jiù bú shì shénme hǎo zhǔyi。

螳螂： 那你们说！你们说！有什么主意，你们说！
Nà nǐmen shuō! nǐmen shuō! yǒu shénme

---

278) 猜(cāi): 图 추측하다, 알아맞히다, 추측해서 풀다.

zhǔyi, nǐmen shuō!

我这么半天才想出来一个，你们倒是说出来！

Wǒ zhème bàntiān cái xiǎngchulai yí ge, nǐmen dàoshi shuōchulai。

朋友： 是啊！没问题。我给你钱吧，你就不要。

Shì a! méi wèntí。wǒ gěi nǐ qián ba, nǐ jiù bú yào。

螳螂： 钱嘛！是不是？

Qián ma! shì bu shì?

朋友： 哥们儿，你说，咱们为了这辆车耗279)到这么晚。

Gēmenr, nǐ shuō, zánmen wèile zhè liàng chē hào dào zhème wǎn。

从白天到现在，连天儿都黑了，你不饿我还饿呢。

Cóng báitiān dào xiànzài, lián tiānr dōu hēi le, nǐ bú è wǒ hái è ne。

咱为了这辆车，又费精力280)，费人力，还费物力281)。

---

279) 耗(hào): ⓢ 1.시간을 끌다, 어물거리다, 질질 끌다. 2.소모하다, 소비하다, 낭비하다.
280) 精力(jīnglì): ⓝ 정력 ~~旺盛
281) 物力(wùlì): ⓝ 재력, 물력, 물자 爱惜人力~~

Zán wèile zhè liàng chē, yòu fèi jīnglì, fèi rénlì, hái fèi wùlì。

你知道啊？是不是啊？来，抽根烟282)，抽吧，抽吧，没事!

Nǐ zhīdao a? shì bu shì a? lái, chōu gēn yān, chōu ba, chōu ba, méishì!

朋友： 你给他烟抽干嘛呀？

Nǐ gěi yān chōu ma?

螳螂： 没事闲的283)，你给他烟抽干嘛呀？

Méishì xiánde nǐ gěi tā yān chōu gànmá ya?

朋友： 你不懂，你老帽284)啊，这叫套词285)！

---

282) 抽烟(chōuyān): ⑧ 담배 피우다. =[吸烟],[吃烟]
283) 闲的(xiánde): ⑨ 할 일 없는 사람, 직업이 없는 사람, 밥 빌어먹는 사람, 실직자.

Nǐ bù dǒng, nǐ lǎomào a, zhè jiào tàocí!

螳螂： 你不懂,你老帽啊,这叫套词-286)词儿啊？你真逗！
　　　 Nǐ gēn tā tào nǎ ménzǐ cí a? nǐ zhēn dòu!

朋友： 怎么着，哥们儿？小坚，怎么样？哥们
　　　 儿，说句痛快话！
　　　 Zěnmezhe, gēmenr? xiǎojiān, zěnmeyàng?
　　　 gēmenr, shuō jù tòngkuàihuà!

27

秋生： 一人一天？这叫啥办法？你同意了？那到你
　　　 没车的时候咋办呢？
　　　 Yì rén yì tiān? zhè jiào shá bànfǎ? nǐ tóngyì le?
　　　 nà dào nǐ méi chē de shíhou zǎ bàn ne?

女儿： 妈，你看，我说了你还不信！

---

284) 老帽(lǎomào): ㉕ 傻帽의 애칭. 촌놈, 시골뜨기.
285) 套词(tàocí): 1.본인이 듣고 싶은 말이 나오도록 상대방을 유도하는 것을 이르는 말. 2.잘 모르는 사람에게 친한 것처럼 말을 걸다. 허물없이[친근하게] 굴다. 친한 듯 꾸며대다. =[拉近乎]
286) 哪门子(nǎ ménzǐ): 무슨, 무엇. =什么, 啥. 门子 : 일종의 양 사처럼 사용되는 용법. (=路)

老板娘:	妈，你看，我说了你还不信。
	Mā, nǐ kàn, wǒ shuō le nǐ hái bú xìn。
	红琴，你在这干嘛呢？走，回家再说。
	Hóngqín, nǐ zài zhe gànmá ne? zǒu, huíjiā zài shuō。
秋生:	我这车没什么毛病，就是看着旧点儿，蹬287)着沉点儿288), 总289)比没有强。
	Wǒ zhè chē méi shénme máobìng, jiù shì kànzhe jiùdiǎnr, dēngzhe chéndiǎnr,

---

287) 蹬(dēng): 동 1.(다리를) 뻗다, 버티다, 디디다, 밟다. 2.(위로) 오르다.

288) 沉(chén): 형 무겁다. 동 1.(푹) 꺼지다, 함몰하다. 2.(물속에) 가라앉다, 잠기다, 빠지다.

289) 总(zǒng): 부 1.대체로, 대략, 추측컨대 2.필경, 결국은, 어쨌든 3.늘, 언제, 언제까지나

zǒng bǐ méi yǒu qiáng。

你看啥呢？

Nǐ kàn shá ne?

28

小坚： 唉，你叫什么呀？
Āi, nǐ jiào shénme ya?

小贵： 郭连贵。
Guōliánguì。

小坚: 我叫小坚。

Wǒ jiào xiǎojiān。

29

秋生: 真是没有想到啊！竟然290)也是个保姆291)。

Zhēn shì méi yǒu xiǎngdào a! jìngrán yě shì ge

---

290) 竟然(jìngrán): ㉰ 1.뜻밖에도, 의외로, 상상 외로 2.결국, 마침내, 드디어
291) 保姆(bǎomǔ): ㉰ 가정부, 보모

bǎomǔ。

小贵： 你说谁呀？
Nǐ shuō shéi ya?

秋生： 你撞292)的那个，老来打酱油293)那个。
Nǐ zhuàng de nà ge, lǎo lái dǎ jiàngyóu nà ge。

小贵： 她怎么了？
Tā zěnmele?

秋生： 偷偷穿主人的高跟鞋294)，偷穿衣服。
Tōutōu chuān zhǔrén de gāogēnxié, tōu chuān yīfu。

还偷偷拿衣服去卖，让主人发现了。
Hái tōutōu ná yīfu qu mài, ràng zhǔrén fāxiàn le。

小贵： 那怎么了？
Nà zěnmele?

秋生： 辞295)了呗，失踪296)了。我要早知道，她也是个农村来的。
Cí le bei, shīzōng le。wǒ yào zǎo zhīdao, tā yě shì ge nóngcūn lái de。

---

292) 撞(zhuàng)： ㉰ 1.부딪치다, 마주치다, 충돌하다. 2.우연히 만나다, 서로 맞닥뜨리다.
293) 打酱油(dǎ jiàngyóu)： ㉰ 간장을 사다.
294) 高跟(儿)鞋(gāogēnxié)： 하이힐 ↔ [平底鞋]
295) 辞(cí)： ㉰ 1.그만두다, 거절하다. 2.작별하다, 이별의 말을 하다.
296) 失踪(shīzōng)： ㉰ 실종되다, 행방불명되다.

30

大欢: 火！车不错！嗯？
Huǒ! chē bú cuò! ng?

31

小坚: 我肏你妈！
Wǒ cào nǐ mā!

32

小坚: 这车你拿走吧！以后不要再骑回来了。我不需要。
Zhè chē nǐ názǒu ba! yǐhòu bú yào zài qí huílái le。wǒ bù xūyào。

大欢同伙： 这儿那！快点！快！追丫的297)！

Zhèr na! kuài diǎn! kuài! zhuī yā de!

小坚： 跟着我干嘛？你找298)打哪？你走！别跟着我！自己走！

Gēnzhe wǒ gànmá? nǐ zhǎo dǎ na? nǐ zǒu! bié gēnzhe wo! zìjǐ zǒu!

大欢同伙： 抓299)丫的！那边！

Zhuā yā de! nàbiān!

大欢同伙： 别跑！站住！回来！

Bié pǎo! zhànzhù! huílái!

---

297) 丫(yā): 몡 자식, 놈, 새끼, 년. (사내아이를 계집아이로 비하하여 부르는 신조어)
298) 找(zhǎo): 동 자초하다, 스스로 자진해서 부닥치다. 自~死路
299) 抓(zhuā): 동 1.잡다, 쥐다. 2.체포하다, 붙잡다.

大欢同伙：站住！别跑！让300)你跑！
　　　　　Zhànzhù! bié pǎo! ràng nǐ pǎo!

大欢同伙：你呀，傻301)呀！
　　　　　Nǐ yā, shǎ yā!

小坚：　　你呀，傻呀，你！
　　　　　Nǐ yā, shǎ yā, nǐ!

小贵：　　我不认识路啊！他们追我干嘛呀？
　　　　　Wǒ bú rènshi lù a! tāmen zhuī wǒ gànmá ya?

小坚：　　走吧！走啊！
　　　　　Zǒu ba! zǒu a!

大欢：　　让丫下来！别让丫走！
　　　　　Ràng yā xiàlái! bié ràng yā zǒu!

大欢同伙：干嘛？
　　　　　Gànmá?

小贵：　　不管我事。
　　　　　Bù guǎn wǒ shì.

大欢同伙：你跑什么？
　　　　　Nǐ pǎo shénme?

小贵：　　真的不管我事。真的不管我事。
　　　　　Zhēn de bù guǎn wǒ shì。zhēn de bù guǎn wǒ shì。

---

300) 让(ràng): 사역동사.
301) 傻(shǎ): 형 1.어리석다, 미련하다. 2.멍하다, 멍멍하다.

大欢同伙：你跑什么！

Nǐ pǎo shénme!

小坚：　肏，你们丫欺负302)人！你打我！

Cào, nǐmen yā qīfu rén! nǐ dǎ wǒ!

大欢：　走！

Zǒu!

小贵：　不管我事！不管我事！把车还我……。还给我车……。不管我事！

Bù guǎn wǒ shì! bù guǎn wǒ shì! bǎ chē huán wǒ……。huán gěi wǒ chē……。bù guǎn wǒ shì!

---

302) 欺负(qīfu)：㊥ 얕보다, 괴롭히다, 업신여기다.

不管我事！还给我！还给我！求求我们……。
别砸303)我车……。
Bù guǎn wǒ shì! huán gěi wǒ! huán gěi wǒ! qiúqiu wǒmen……。
bié zá wǒ chē……。

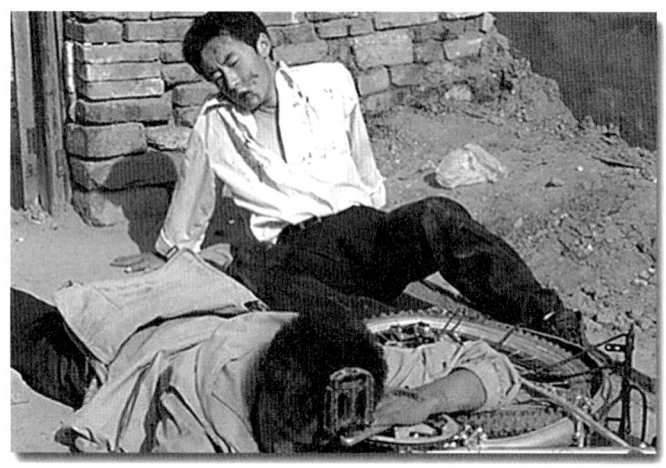

---

303) 砸(zá): 동 1.때려 부수다, 깨뜨리다, 못쓰게 만들다. 2.으스러뜨리다, 내리치다, 찧다, 다지다.

북경 자전거

번역문 ▸▸

Beijing Bicycle

01

会计 :   몇 살이죠?

小伙子1 :   열아홉이요.

会计 :   어디서 왔죠?

小伙子2 :   산시성에서 왔어요.

会计 :   산시성 어느 지방이에요?

小伙子2 :   씨양현.

会计 :   어디요?

小伙子2 :   씨양현

小伙子3 :   음… 허베이성 헝쉐이요.

会计 :   고향에서 무슨 일을 했죠?

小伙子4 :   음… 고향에서는… 농사짓고… 직장에 다녔죠.

小伙子5 :   사회자요.

会计 :   뭘 했다구요?

小伙子5 :   사회.

会计 :   무슨 사회요?

小伙子5 : 음… 프로그램 사회자요.

会计 : 베이징 온 지 얼마나 됐죠?

小伙子6 : 한 달이요.

小伙子7 : 작년, 9월에 왔어요.

会计 : 줄곧 베이징에서 일했어요?

小伙子3 : 네.

会计 : 무슨 일을 했죠?

小伙子3 : 음… 공사장…

小伙子4 : 건축, 농사, 음… 아르바이트요.

小伙子8 : 의료기계.

会计 : 자전거 탈 줄 알아요?

小伙子6 : 네, 탈 줄 알아요.

会计 : 이름이 뭐라구요?

小贵 : 궈리엔꾸이.

小伙子1 : 퀵서비스회사?

会计 : 맞아요!

小伙子1 : 모르겠는데요.

小伙子5 : 잘 모르겠어요.

会计 : 당신 한 달에 얼마나 벌죠?

小伙子5 : 음… 백 원 이상… 천 원까지……

会计 : 얼마요?

小伙子5 : 오, 륙, 칠, 팔백 원 정도요.

02

经理 : 오늘부터 너희들은 페이다 특송회사의 직원이 된 것이다. 방금 너희들에게 목욕을 시켜주고 이발을 해 주었는데, 모두 너희들의 외양을 바꾸기 위함이며, 너희처럼 농촌에서 올라 온 청년들로 하여금 우리 회사를 대표하고 이 사회에 적응할 수 있게 하기 위함이다.
너희의 모습이 바로 회사의 모습인 것이다. 너희들 모두 이 기회를 매우 소중히 여겨야 한다.
너희에게 배급해 준 자전거는 너희들의 밥벌이 친구인 셈이다. 이 자전거들은 모두 고급형 산악자전거인데, 아마 너희들 대부분 고향에서는 본 적이 없는 자전거일 것이다. 회사가 이런 고급 자전거를 너희에게 배급해 준 까닭은, 우선 회사의 이미지 관리 때문이며, 다음은 너희들의 배송효율을 높이기 위함인데, 이렇게 해야 다른 회사들과 경쟁을 할 수 있는 것이다.

참, 먼저 말해 두겠는데…… 이 자전거는 공짜로 주는 것이 아니다. 처음 시작할 때는 회사와 너희가 8:2로 나눈다. 즉, 회사가 8이고 너희들이 2이다. 그러나 언제든 돈을 충분히 벌면, 그때 이 자전거는 비로소 진정 너희들의 것이 되는 것이다. 그 때에는 회사와 너희가 5:5로 나눈다. 이것은 우리 회사의 새로운 관리방식이다. 알아 듣겠나?

뒤쪽에 북경시의 지도가 한 장 있다. 너희들은 반드시 지도상의 거리와 골목들을 모두 암기해야 한다. 오늘부터 너희들은 새시대의 "뤄튀쌍즈"가 되는 것이다. 열심히들 해라!

03

秋生: 거스름돈이요. 자주 오세요!

客人: 네.

秋生: 샤오꾸이, 응? 뭐야 이거? 취직됐어?

小贵: 응!

秋生: 야아! 정말 좋은데. 좀 보자.
아이구, 너 이 소리 좀 들어 봐라. 야, 이건 무슨 소재로 만든거지?
이건 녹이 안 슬어. 샤오꾸이야, 너 정말 좋은 직장을 구했구나.
열심히 잘 해! 어, 변속도 돼네. 이런 자전거는 타기가 정말 수월할거야.
배 고프지?

小贵: 응!

秋生: 면이나 먹자. 방 안으로 가자.
고기 좀 먹고, 영양 보충 좀 해라.
이리 와봐. 좀 봐라. 봤어?
이게 바로 도시사람이라는거야. 이렇게 큰 집에 살면서도 만족할 줄 모른다니까.
하루종일 웃지도 않아. 이게 만약 나라면, 난 매일 달콤하게 즐기면서 살겠다.

하루 세 끼 나는 갈비탕면만 먹겠다.
야, 저 여자 또 갈아 입었다. 봐봐.

小贵 : 치우셩, 이 여자 예쁘지 않아?

秋生 : 뭐가 예뻐? 보기만 하는 건 죄가 안 되겠지?

小贵 : 저 여자 알아?

秋生 : 저 여자가 바로 여기에 늘 간장 사러 오는 그 여자야. 샤오꾸이야, 봤어?
도시 여자들이란...... 봐, 한 번 바꿔 입었다 하면 한 무더기 옷을 입는다니까.
낭비라니까! 아이고, 됐어. 그만 봐.
너무 많이 보면 심신에 좋지 않아. 일하러 가라!

04

秋生 : 샤오꾸이, 몇 일 더 지나야 이 자전거가 네 것이 되지?

小贵 : 많이 걸려봐야, 3 일만 더 일하면 돼.

秋生 : 아이고, 정말 대단하네. 겨우 한 달도 안돼서,

너 정말……
샤오꾸이, 돈을 많이 벌려면…… 들어 봐……
왔다!

05

小贵 : 리우 누님, 그 일은 도대체 어떻게 된 거에요?

会计 : 내가 너에게 말 안 했니? 다시 칠십을 더해야…… 나중에 다시 얘기하자.

朋友 : 갈게요.

会计 : 그렇지만…… 칠십 살이나 됐잖아……

朋友 : 돈이 많잖아. 팔십이라도 따라 가겠다.

小贵 : 리우 누님, 내가 계산한 게 정확해요.

会计 : 네 계산이 정확해 봐야 무슨 소용이 있어!

이건 네가 얘기한 거잖아, 팔십이라도 따라 가겠다고. 꽤 실속 있는데……

朋友 : 아이 참, 현실사회잖아.

小贵 :   사장님한테 갈래요.

会计 :   아이고! 너 이 젊은애가 왜 이렇게 고집이세?
사장님 찾아봐야 무슨 소용이 있어? 바쁘신데 말야. 겨우 70원 아니니?
내일 하루 더 일하면 곧 벌 수 있잖아?

朋友 :   70원이면 약 한 병도 못 살 돈이네.

会计 :   정말이야! 이렇게 하자. 내일 다시 오면 계산해줄게.

06

快递员 :   먼저 갈게.

小贵 :   그래.

07

秋生 : 내 말 좀 들어 봐. 이 도시사람들이란 참 나쁘단다. 너에게 돈을 줄 때가 되면 될수록 점점 트집을 잡지, 요리로 트집 잡고 조리로 들춰내고 말이야.

그렇지만 어쨌든 별거 없어, 널 트집 잡을 시간이 하루 더 있긴 하지만 무슨 트집을 잡아내겠어? 아무것도 못 잡아 낼거야.

다시 말하지만 이 특송배달업무 참 좋구나, 한 달도 못 가서 너에게 자전거 한 대가 생기니 말이야. 중요한 건 말이야, 네가 시골출신이란 걸 다른 사람들이 모르도록 해야 한다는 거야, 알겠지?

꼴 좀 봐라. 좀 닦을래? 어서!

배달일 하다보면 좋은 곳에도 갈거야, 고급스런 곳에 말이야. 듣자하니 호텔 화장실 안에는 음악도 나온다는데. 나라면 아마 오줌도 안 나올거야.

08

服务员: 안녕하세요! 어서 오세요, 안으로 들어 가시죠.

服务员: 실례합니다. 누구를 찾으세요?

小贵: 장선생을 찾는데요.

服务员: 장선생이요? 참, 장선생님이 안에서 기다리고 계세요.

小贵: 고마워요.

服务员: 잠시만요, 번호표요. 남자손님 한 분!

服务员: 선생님, 신발 갈아 신으시구요, 안쪽으로요.

服务员: 안으로 들어 가세요.

服务员: 안녕하세요, 사람을 찾으세요?

小贵: 장선생님을 찾아요.

服务员: 안으로요. 장선생님, 손님이 찾으시는데요.

张先生: 오, 라오꽈지? 왜 이제 오는거야? 먼저 한 가지 하고서 얘기하자.
응? 라오꽈는? 당신 누구야?

小贵: 저는 특송회사직원이에요.

张先生: 특송회사직원? 뭐 하는데?

小费 :   저한테 여기 와서 장선생님 찾으라고 하던데요.

张先生 : 그래, 내가 장씨인데, 날 찾아 뭐 하려구?

小费 :   혹시 배달시킬 물건 있지 않으세요?

张先生 : 없어. 여기 누구 배달시키실 분 있어요? 없어, 없어, 가봐! 사람 잘 못 찾았군.
         나가, 나가. 장씨는 흔해 빠졌어. 장이머우도 장씨잖아. 왜 안 찾아가니?

服务员 : 우린 당신이 특송회사 직원이건 아니건 상관없어요. 목욕을 했으면 돈을 내야죠.

小费 :   저...... 저는 목욕하러 온 게 아니에요.
         저는 장선생을 찾으러 왔거든요. 장선생님이 절 불렀단 말이에요.

服务员 : 근데 장선생님이 아니라잖아요.

小费 :   저 정말 특송회사직원이에요. 못 믿겠으면 보세요.

服务员 : 나한테 보여줘봐야 소용 없어요.

小费 :   좀 보세요.

服务员 : 이거 소용 없어요. 어쨌든 목욕을 했으니 돈 내세요.

小费 :   처음에 당신이 날 들어가게 한 거잖아요.

服务员 : 그래, 맞아요. 하지만...... 목욕을 했으니 돈을

내야죠.

小费 : 당신들이 날 목욕하게 시킨거지, 내가 원해서 한 게 아니에요.
내가 들어서자마자 당신들이 내 옷을 다 벗겼잖아요.

服务员 : 그러나 목욕을 했으니, 우리는 당신 돈을 받아야 해요. 저도 방법이 없어요.

小费 : 놔요. 나 돈 없단 말이에요!

经理 : 무슨 일이야? 우선 놔 줘.

服务员 : 장사장님, 이 사람이 목욕을 하고는 돈을 안 내요. 특송회사직원인데 장선생을 찾으러 왔다면서요.

经理 : 맞아. 내가 부른거야. 아이고, 너구나?
너희 둘은 내려 가 있어. 왜 이제야 오는거야?
나를 한참이나 기다리게 해? 아이고, 목욕을 했다구?
허, 너 참 대단하구나. 그 서류 좀 가지고 와 봐.

服务员 : 서류요?

经理 : 그래, 내가 놓은 서류. 아이고, 네가 다시 안 왔으면, 난 그냥 갔을거야.
잘 들어, 이 서류를 왕푸징가 123호 이선생

에게 배달해야 한다.
잘 들었어? 어서 가봐. 늦겠다!

服务员: 사장님, 그 사람 아직 돈 안 냈어요.

经理: 됐어. 쟤 꼴이 돈 있게 생겼니?

09

会计: 잘 났어 정말! 자전거를 잃어버렸어도 배달은 해야 할 거 아냐!
자전거가 중요하니? 일이 중요하니? 됐어, 운다고 무슨 소용이 있어?
사장이 너에게 벌금 안 물린 것만으로도 다행인 줄 알아.
다음에 다른 일을 찾을 때도 스스로 좀 융통성이 있어야지, 그렇게 앞뒤 꽉 막혀선 안돼. 내가 하는 말은 다 널 위한 말이야. 어서 가봐!

经理: 맞는 말씀입니다. 미안합니다. 정말 죄송해요. 아이고, 천만에요, 괜찮습니다.
네? 아, 벌써 잘라버렸습니다. 걱정 마세요. 다시는 이런 일 없을 겁니다.
화내지 마시고...... 진정하세요. 네, 네.

아이쿠, 너 왜 아직 안 갔어?

小贵: 사장님, 저에게 자전거 한 대만 더 주세요.

经理: 너 왜 아직도 이해를 못 하니. 단지 자전거 때문에 너를 자른 게 아냐.
자전거 잃어버린 일은 내 운이 안 좋은 거고, 너도 자전거 값만큼 충분히 벌어 갚았으니 우리 두 사람은 아무도 손해 보지 않았어. 중요한 건 네가 나에게 골치 아픈 일을 엄청나게 만들어 줬다는 거야.
너 다 들었을거야. 너 때문에 나는 하루 종일 굽신거리기만 해야 하잖아.
가벼울 경우 그 사람들이 너에게 손해배상을 하라 할 것이고, 심할 경우는 널 고소하게 될 거야. 다시 말하지만, 자전거 잃어버리고서 모두 나에게 요구하면, 난 도대체 뭐가 되겠니?

小贵: 사장님, 전 정말 떠나기 싫어요.

经理: 너 이 녀석 왜 아직도 이해를 못 하니? 또 떼를 쓰는 거야? 응?
다른 건 말할 필요 없고, 너는 지금 자전거도 없잖아.

小贵: 그러면 제가 자전거를 찾아 오면 돼나요?

经理: 뭐라구?

小贵: 저는 자전거를 반드시 찾아 올 수 있어요.

经理: 너 미쳤니?
수도 베이징 온 거리에 똑같은 자전거가 얼마나 많은지 알기나 하니?

小贵: 제 자전거에 표시를 해 놓았어요.

经理: 응? 너 정말 대단하구나. 어쩐지 사람들이 모두 네가 꽉 막혔다고들 하더니만.
네가 만약 정말로 네 자전거에다 표시를 해 놓았다면 자전거를 찾아 올 수 있을 거다.
너의 그 불굴의 정신을 높이 평가해서, 자전거 찾으러 보내 주지.
얘, 네가 만약 정말 네 자전거를 찾아 온다면, 여기 남아도 돼, 어때?

小贵: 말씀에 책임지셔야 합니다.

经理: 당연하지!

10

螳螂: 멋진데, 지엔즈, 네 아버지가 은혜를 베푸셔서 자전거 사 주셨구나. 갈아 입었지?
다 됐으면 가자!

	오케이, 자전거 좋은데! 훔친 건 아니겠지?
小坚 :	쓸데없는 소리! 빨리 가자.
螳螂 :	많이 컸네!
朋友 :	가자!
小坚 :	가지 마.
潇潇 :	자전거 체인이 빠졌어.
潇潇 :	네 자전거 참 좋구나. 갈게!

11

| 小坚父 : | 네 마음 속이 좋지 않다는 건 나도 안다. 본래 약속했던 것이 지금 또 허사가 되고 말았으니...... 그렇지만 나도 어쩔 수가 없단다. 네 여동생이 밤새도록 공부하는데, 쉽지 않은 일이야.
더 말하지 마라. 그 애는 명문중학에 입학했잖아. 학비도 내야 하는데...... 내가 네 엄마하고 의논을 했다. 이 일은 내가 결정한다. 그래도 네 동생 진학문제가 더 큰 문제 아니겠니? |

당연하지. 네 자전거 사는 일 또한 중요하기는 하다. 그러나 우리집은 다른 집 상황과는 비교할 수가 없잖니.
아빠가 이번 일은 정말로 손을 늦출 수가 없단다. 너도 이만큼 컸으니 마땅히 이해할 것이다.
너의 이런 모습을 보자니 아빠도 마음이 참 아프단다. 다음 달, 봉급 타면 너에게 자전거 한 대 사주마. 우리가 못 사는 한이 있을지라도 반드시 사주마. 응!

12

秋生 : 가자, 돌아 가자, 응?
난 이제 피곤하다. 가자, 가자, 가자, 돌아 가자.
샤오꾸이, 너 왜 이리 고집스럽니?
그렇게 고집부릴려면, 너도 가서 다른 사람 자전거 한 대 훔쳐오면 되잖아?
가자! 더 기다릴거야? 그럼, 난 간다.

看车的 : 뭐하는 놈이야? 너 거기서 뭐하는 거야? 게 섯거라!
뭐하는 거야? 거기 서! 움직이지 마!

13

经理 : 나오실 필요 없어요!

警察 : 괜찮아요!

经理 : 가라구! 자전거 찾아 오라 그랬지, 누가 너더러 훔치라고 그랬어?
고물 자전거 한 대 때문에, 이럴 가치가 있니? 됐어, 네가 억울하든 말든 난 상관 안 해. 이번 일은…… 이번에 빨리 네 집으로 돌아가 줘. 온대로 다시 돌아가. 여기서 나 골치 아프게 하지 말고.
이런 고물 자전거 한 대가 가치가 있니?
내가 다시 말하지만, 나중에 다시 내 이름 들먹이지 마!
너하고 회사는 이미 아무 관계가 없어, 다시는 나 골치 아프게 하지 마라!

14

小坚: 나 오늘 진짜 일이 있어, 알겠지?
내일, 우리 내일 다시 놀자, 오케이? 약속했다. 오케이!
그러자. 오늘 저녁 나한테 전화해 줘, 알겠지?
끊는다, 응. 가자! 돈이요. 아저씨, 돈 받으세요.

15

潇潇: 이리 와봐!

小坚: 야! 뭐하는 거야! 거기 서! 거기 서!
야, 이 자식아! 자전거 세워! 거기 서!
자전거 세우랬지! 거기 서!
너 그래도 감히 도망갈려구! 꺼져!

螳螂: 왜 그래?

小坚: 내 자전거를 훔쳤어!

小贵: 안 훔쳤어!

螳螂: 누구야?

小坚： 안 훔쳤다구? 바로 내 눈 앞에서 저 놈이 자전거 밀고 가는 것을 봤는데. 한참을 좇았네.

朋友： 너 어디서 온 놈이야?

螳螂： 자전거를 다 훔칠 줄 알아? 너!

朋友： 누구야? 이거……

小坚： 나도 모르는 놈이야!

朋友： 파출소로 넘겨!

螳螂： 훔쳤어, 안 훔쳤어?

小贵： 이 자전거 원래 내 거야. 훔친 게 아니라구.

螳螂： 그래도 네 거야? 네 거라고 어디에 써있냐? 무슨 헛소리야! 자전거 뺏어, 뺏어서 가자.

小贵： 놔 줘!

朋友： 놔 줘라! 놔 줘!

朋友： 파출소로 넘겨 버려.

螳螂： 그래도 힘을 쓰네! 한 번 해 볼까? 가자, 가자! 자전거 가지고 가! 이 자식이 그래도……!

朋友： 쪼그만 게!

螳螂： 내 자전거도 훔치겠네! 배짱 좋은데, 너! 복종 안 해?
가자, 가자! 모르는 놈이야!

16

小坚: 야, 너 왔구나. 좀 놀래? 아주 재밌어.

潇潇: 싫어.

小坚: 기다리는 건 기다리는 거고...... 좀 놀자.

潇潇: 우리 가자!

小坚: 제기랄! 또 죽었네.

朋友: 코인 좀 줘 봐.

小坚: 또 죽었냐? 나도 없어. 또 나더러 사라고? 돈을 얼마나 썼는데.
알았어, 이번 한 번만이다. 내가 코인 사 올게.
야, 샤오샤오 못 봤어?

朋友: 못 봤는데.

小坚: 샤오샤오 봤니?

螳螂: 못 봤어.

小坚: 코인 여기 있어.

17

小坚父 : 말 해봐라. 나하고 엄마하고 찾을만한 곳은 다 찾아 봤다.
그게 어떻게 없어지겠니? 아이고, 이거 정말 열받아 죽겠네.
엊그제 말이야, 돈 놓아둔 곳이 안심이 안 되더라구.
결과적으로 이번은 괜찮았는데, 나조차도 찾을 수가 없게 되었단 말이야.
아이고! 우리집은 말이야! 도둑놈이 오더라도 어디서부터 손을 대야 할 지 알 수가 없단 말이야.
우리집은 최근에 손님이 온 적도 없잖아.
샤오지엔, 나는 본래 너에게 이렇게 직접적으로 물어 볼 생각은 없었단다.
그렇지만 안 물어 볼 수도 없지. 말해 봐라, 가져 갔니? 안 가져 갔니?

小坚 : 안 가져 갔어요.

小坚父 : 두 집이 함께 살고 있지만, 그 애도 한 식구가 되었잖니.
너도 이만큼 컸으니, 이런 이치를 너도 다 이해해야 한다.
오늘 돈이 없어진 일은 그냥 지나 간 걸로 하

자, 응! 다시는 꺼내지 않으마.
네가 안 가져 갔다고 하니, 난 믿는다. 누가 너를 내 아들로 만들어 줬는데?
네 일에 답을 해 주는 건, 다음 달 봉급 타서, 내가 틀림 없이 자전거를 너에게 선사해 주마. 이번만은 절대 헛소리가 아니란다.

小坚 : 싫어요.

小坚父 : 너 지금 나를 열받게 하는구나. 됐다. 말 않으마. 가거라. 네 방으로 돌아 가거라.

18

经理 : 허이고! 설마...... 애가 정말 찾아 왔네. 야! 일어나! 역시 너답구나.
너희 시골사람들은 모두 좀 '의지의 중국인' 정신이 있는 거 아니니?

会计 : 괜찮니?

经理 : 괜찮아, 됐어, 사람이 붙잡지 않으면 하늘이 붙잡으시지. 나도 좀 자비를 베풀어야 겠다. 들어 가라. 앞으로는 조심해야 돼.

保卫 :　　안녕하세요!

19

朋友 :　　자전거 타러 가자, 갈래?

朋友 :　　가자, 빨리!

小坚 :　　너희들끼리 가라!

朋友 :　　가자! 모두 가는데.

朋友 :　　가자!

小坚 :　　정말 귀찮게 하네, 너희들끼리 가라니까.

朋友 :　　아이고, 그럼 우리끼리 간다.

朋友 :　　우리 간다, 응.

朋友 :　　늘 가던 데로 와.

潇潇 :　　화내지 마, 자전거 한 대 가지고...... 잃어버렸으면 그냥 잃어버린 거지. 다시 한 대 사면 되잖아.
하루 종일 풀이 죽어 가지고는...... 그럴 필요까지 있어?

小坚 : 그럴만 해!

潇潇 : 미안해, 우리 함께 가자.

小坚 : 너 먼저 가!

潇潇 : 넌 자전거가 없으니…… 내가 태우고 갈게.

小坚 : 누가 널더러 태워 달래?

潇潇 : 안 그러면, 네가 날 태워 주던가……

小坚 : 너 없으면 내가 집에 못 갈까봐? 너 먼저 가! 귀찮게 굴긴!

20

秋生 : 샤오꾸이, 너 허튼 생각 하면 안 돼. 우리에게 그런 팔자는 없어. 이리 와.

21

小坚: 누구야?

螳螂: 따환이잖아! 정말이라니까! 쟤가 바로 따환이라구.

大欢同伙: 천천히, 천천히!

螳螂: 아, 맞아. 네 그 자전거 정말 훔친 거니?

小坚: 입 닥쳐! 네 자전거가 훔친 거지, 멍청한 놈!

螳螂: 고물 자전거 한 대 가지고 그럴 필요 있어? 네가 훔친 거잖아.

小坚: 무슨 헛소리야? 나한테?

螳螂: 뭘 그렇게 화를 내? 임마!

小坚: 내가 오늘 화나서, 그래서 어쨌는데? 어쩌라구?

螳螂: 뭘 성질을 내냐?

小坚: 내가 오늘 화나서, 그래서 어쨌는데? 내 자전거가 훔친 거라고 네가 말하지 않았어? 나한테 그런 말해서 어쩌자는 건데?
너 다시 한 번 말해 봐!

螳螂: 내가 말 했다. 또 어쩔 건데?

小坚: 뭔 소리야? 너!

螳螂: 어쨌는데? 너 정말 웃긴다! 흥, 정말 웃기는군!

小坚: 쳐 봐!

螳螂: 쳤다, 어쩔래!

螳螂: 농담 하는 거 아니야!

小坚: 무슨 농담이야, 임마!

朋友: 너 열받았냐?

小坚: 그래, 열 받았다. 어쩔래?

螳螂: 농담 좀 한건데, 너 그럴 필요 있어?

朋友: 그만 좀 해! 할 말 있으면 말로 해.

螳螂: 그럴 필요까지 있냐구?

朋友: 좋게 말로 해라!

小坚: 네가 친구를 말하고 있는데, 네가 진짜 내 친구라고 할 수 있어?

螳螂: 농담 좀 한 거 아냐, 임마!

小坚: 농담을 그딴 식으로 하냐?

朋友: 그만 해!

大欢: 우리 먼저 간다! 안녕!

大伙同伙： 따환, 잘 가!

螳螂： 그 자전거 정말로 네가 훔친 게 아니라면, 우리 찾으러 가자!
친구들아, 그 녀석이 어디서 일하는지 아는 사람 있어?

朋友： 걔 말하는 걸 들으니 무슨 특송회사라던데……

朋友： 페이다!

22

朋友们： 거기 서! 멈춰! 어디로 도망가려구? 다리 걸어!

朋友： 샤오지엔, 네 자전거 괜찮니?

小坚： 괜찮아. 빨리 가자, 어서!

23

螳螂: 괜찮아, 샤오지엔. 너무 많이 생각하지 마. 바로 그거라니까. 우리 먼저 갈게.

小坚父: 어디야?

小贵: 바로 여기에요.

小坚父: 그래, 이 자식아!

小坚: 왜 때려요!

小坚父: 응, 이제 훔치는 걸 배웠구나?

小坚: 전 훔치지 않았어요.

小坚父: 훔치지 않았다구? 안 훔쳤으면 이 자전거가 어떻게 네 수중에 들어 올 수 있어?

小坚: 아빠가 신용을 안 지킨 거잖아요, 자전거 사 준다고 한 게 벌써 몇 년이죠?
자전거 살 때가 되면 아빠는 늘 안 보이잖아요. 다음 주 직업고등학교에 합격하면 사주마 하고선……
합격했더니, 자전거는 요? 나한테 사 주셨나요?
또 지난 번 중간고사 때, 반에서 5 등 안에 들기만 하라고 했잖아요.
전교 5 등이나 했는데, 사 주셨나요? 이번에

도 또 그 계집애만 생각하잖아요.
걔 명문중학에 보낸다고, 엄마 아빠가 함께 날 속였잖아요, 안 그래요?
아빠는 내가 아직 어린 애로 보여요? 난 다음부터 다시는 당신들 말 믿지 않을 거에요!
다시는 속지 않을 거라구요!

小坚父 : 부모가 무슨 잘 못 한 데가 있다해도…… 그렇다고 자전거를 훔치면 안 돼지!

小坚 : 자전거 안 훔쳤다구요!

小坚父 : 훔치지 않았으면 이 자전거가 어떻게 네 손 안에 있어?

小坚 : 내가 산 거라구요.

小贵 : 아니에요, 쟤가 훔친 거라구요. 이 자전거는 제 거에요.

小坚 : 자전거는 내가 산 거에요. 훔치지 않았다구요.

小坚父 : 놔! 네가 샀다면, 뭘 가지고 샀는데? 돈은? 네가 돈이 있어?
너 돈 어디서 난 거야? 말해 봐!

小坚 : 마땅히 살 돈으로 샀죠.

小坚父 : 무슨 마땅히 살 돈이란 거야?

小坚 : 살만한 돈이 곧 내 돈이죠. 내가 하고 싶으면 하는 거죠, 상관할 필요 없어요!

小坚父 : 이 바보같은 놈!

小坚 : 왜 때리는 거에요? 무슨 근거로 날 때려요?

小坚父 : 이 바보 자식! 집 안으로 물건을 훔쳐 들여 오다니. 네가 한 짓이지?

小坚 : 나한테 자전거 사 주셨나요? 어른이 자기 말에 책임을 져야죠! 저한테 몇 번이나 말씀하셨죠?

小坚父 : 됐다! 오늘 일은 분명해졌다. 우리 잘못이네. 자네에게 미안하게 됐네.
자전거 가지고 가게!

小坚 : 아버지는 왜 저 녀석에게 자전거를 갖고 가게 하는 거죠? 자전거는 제가 산 것이란 말이에요.

小坚父 : 이 손 놔! 놓으란 말이야!

小坚 : 너 가져가면 안돼! 가져 오란 말이야! 막으란 말이야!

小坚父 : 감히 어느 놈이!

小坚 : 내가 저 녀석을 막을 수 있어요! 돌아오란 말이야! 자전거 가져 와! 가져 와!
왜 내 자전거를 가져가는 거야?
자전거 돌려 줘! 내가 산 거란 말이야! 훔치지도 않았고 뺏지도 않았어! 뭘 근거한 거야! 뭣 때문이야!

24

蓉蓉: 우리 엄마하고 오빠네 아빠하고 모두가 자기네 잘못이라고 했어. 단지 내 생각만 하고 오빠 생각을 못 한 탓이래.
내 생각에도 그 자전거는 오빠 거야. 중고자전거시장에서라면 그건 산 것이지 훔친 것은 아닐 거야.
이건 너무 불공평해.

25

螳螂: 샤오지엔! 이 일을 그냥 이렇게 끝낼 수는 없잖아? 그 녀석이 자기 자전거라 했다고 그냥 줘 버리면, 나도 내 자전거라고 주장하면 나에게 줘야 할 것 아니야?
다시 말해서, 자전거는 네가 돈 주고 산 것이잖아?

朋友: 걔 말은 자전거를 도둑맞았다잖아?

螳螂: 자전거를 도둑맞았다면, 그럼 도둑을 찾아야

	지, 우리를 찾아? 우리는 도둑이 아니잖아.
朋友 :	샤오지엔, 이번에 우린 정말 억울하잖아, 우린 원래 여태까지 이런 적이 없었는데 말이야. 정말이야!
螳螂 :	우린 이렇게 모욕을 당한 적이 없어! 샤오지엔, 네가 한 마디만 하면, 우리들이 그 놈을 다시 찾아서 자전거를 찾아 오마.
朋友 :	한 마디만 해. 네가 그냥 넘어 가자면 우리도 모두 그냥 넘어 갈게.
螳螂 :	네 결단을 기다리마!

26

螳螂 :	너 정말 웃기는 놈이구나. 이게 누구 자전거냐?
小贵 :	이건 내 자전거야.
朋友 :	네 거야? 네 거야?
朋友 :	이건 우리 친구가 산 거라구.

朋友:	뭔 쓸데 없는 소리야!
小贵:	이건 원래 내 자전거야, 표시도 해 놓았다구.
螳螂:	표시가 있어? 어디?
小贵:	바로 여기에, 바로 이거.
朋友:	겨우 두 줄 그어 놓은 거?
朋友:	기다려, 기다려 봐. 아이고! 표시? 네 거야? 전부 네 거구나? 가져 가, 원해?
螳螂:	네 말대로라면, 네가 자전거를 한 대 봤어, 어느 날 네가 아무 자전거나 잡고서 그냥 네 맘대로 줄 그어놓고 자기 거라고 가져 가면 되겠네? 너 그렇게 하니? 뭐야 이게 도대체? 자전거 가져다가 매일 팔지 그래?
小贵:	이 자전거는 본래 내 거야.
螳螂:	그래도 네 거야? 아이고, 빌어먹을! 이렇게 한참을 얘기해도 자기 것이래!
朋友:	너 왜 이렇게 꽉 막혔냐? 너 왜 그래?
螳螂:	한참을 얘기해도 그래도 지 거래!
朋友:	정말 벽창호구만, 너!
螳螂:	너 좀 곰곰이 생각해 봐! 마지막으로 묻겠다. 이 자전거는 누구 거지?

小贵: 이 자전거는 본래 내 거야.

螳螂: 누구 거야?

小贵: 바로 내 거라구!

螳螂: 누구 거? 응? 누구 거?

小贵: 내 거야!

螳螂: 너한테 묻잖아! 나 잡지 마! 그래도 네 거라구?

朋友: 잠깐, 잠깐만 기다려 봐! 내가 이치를 설명해 줄게. 이 자전거가 본래 누구 것인지, 난......

朋友: 너 그 애한테 설명해 줄 필요 없어.

朋友: 잠깐 기다려 봐! 신경 쓸 필요 없어! 이 자전거가 원래 누구 것인지는 내가 관여할 수 없고. 나 또한 신경 쓸 필요가 없어.
단지 내가 알고 있는 건, 며칠 전 중고자전거 시장에서 내 친구가 500 원을 주고 이 자전거를 샀다는 사실이고, 게다가 사 온 후로는 여러 가지 부속까지 교체했다는 거야. 브레이크고무하고, 브레이크레버 같은 거 말이야......

朋友: 브레이크고무는 내가 바꾼 거야. 이거 한 쌍에 80 원이거든. 내가 100 원을 쓰고서 20 원이 남았단 말이야.

좀 봐봐, 봤어? 봤어?

朋友: 20 원이라…… 이 자전거가 본래 누구 것이든, 난 정말 신경 안 써.
내가 단지 알고 있는 건 내 친구가 500 원을 주고 중고시장에서 사 왔다는 거야.
그래서 이 자전거는 지금 마땅히 내 친구의 것이라는 거지.
누가 훔쳤는지는 바로 네가 찾아 와야 하는 거지.

小贵: 이 자전거는 원래부터 내 거야!

螳螂: 그래도 네 거야? 무슨 헛소리를 하는 거야!

朋友: 쓸데 없는 소리 할 필요 없고, 자전거 뺏어!

小坚: 잠깐, 잠깐 기다려 봐, 내가 저 녀석에게 말할게. 이렇게 하자! 원래 무슨 일이 생겼던 간에, 그리고 이 자전거가 도대체 누구 것이든 간에, 지금 이 자전거는…… 내 말 들어 봐, 내가 500 원을 주고 시장에서 사 온 것이란 거야. 넌 네 자전거를 도둑맞았다고 하지만, 도둑맞은 것이 나하고 무슨 상관이야?
이 자전거는 내가 산 것이니까 넌 도둑을 잡으러 가야지, 왜 날 찾는 거야? 응?
이렇게 설명해 주었으니 이 자전거는 오늘 내가 가져 간다.

小贵: 네가 이 자전거를 훔치지 않았다고 누가 증명해 줄 수 있겠어?

螳螂: 야! 손 놔! 그래도 힘을 써?

朋友们: 꽉 붙잡아! 손 붙잡아! 빨리 해! 빨리! 손 놔! 저 놈 꽉 잡아!

螳螂: 이렇게 하자! 친구들 모두 피곤하지? 배도 고프지?

朋友: 말해 봐!

螳螂: 참! 나한테 좋은 생각이 하나 있어.

朋友: 무슨 생각? 빨리 말해 봐!

螳螂: 말할게...... 야, 이 자전거 네가 정말 갖고 싶다면...... 네가 가져 가. 괜찮아.
그러나 이 자전거는 샤오지엔이 돈 주고 산 것이거든......
이제 자전거는 없어졌지만, 돈은 있어야 하지 않겠어?
그래서 걔가 돈은 가지고 가야 하지 않겠어? 그렇지? 샤오지엔, 이 자전거 얼마 주고 샀지?

小坚: 500 원.

螳螂: 어떨까? 네가 500 원 내라, 어때? 500 원에 네 자전거를 가져 갈 수 있는 거야.

朋友: 브레이크 값은 포함시키지도 않았어. 값어치

	있지 않아? 500 원이라…… 정말 괜찮지?
小贵:	난 돈 없어. 다시 말하지만 난 돈 다 써버렸어.
螳螂:	돈을 써 봤다구? 나도 돈 써 봤어, 누가 돈을 안 써 봤겠어?
朋友:	브레이크고무는 내 돈으로 산 거라는 걸 잊지 마, 안 그래? 여기에는 내 돈도 있다구.
螳螂:	야, 400 원 주는 건 어때? 400 원이야. 400 원이란 말이야, 네 장, 어때?
朋友:	너 왜 이리 멍청히 있는 거야? 300 원이면 되겠어?
螳螂:	형씨, 한 마디 해 봐, 오케이?
朋友:	돈이 너무 많아서 그러는 거야?
朋友:	형씨, 그럼 이 일을 어떻게 했으면 좋겠어?
螳螂:	네가 아이디어 좀 내 봐, 넌 아이디어를 제일 잘 내잖아.
朋友:	하루 종일 기다렸잖아, 모두 피곤하다구.
螳螂:	여기 친구들 모두 피곤에 지쳤다구, 그렇지?
朋友:	누가 견딜 수 있겠어, 하루 온종일인데.
螳螂:	이렇게 해 보자, 나한테 좋은 생각이 하나 더 있는데.

朋友 : 좋은 아이디어야? 빨리 말해 봐!

螳螂 : 이 자전거말이야, 너하고 샤오지엔하고 한 사람이 하루씩 타는 거야.

朋友 : 이게 무슨 아이디어냐? 생각해보면 그건 정말 좋은 생각이 아니야.

螳螂 : 그럼, 너희들이 말해 봐! 말해 봐! 무슨 아이디어 있으면 말해 봐!
내가 한나절 동안 겨우 한 가지 생각해 냈는데, 그럼 제발 좀 너희들이 말해 봐!

朋友 : 그래! 문제없어.

朋友 : 내가 돈을 줘도 넌 또 거절하잖아.

螳螂 : 돈이라니까!

朋友 : 친구들, 말해 봐, 우린 이 자전거 때문에 이렇게 늦게까지 고생하고 있는데.
대낮부터 지금까지, 날까지 저물었어. 넌 배 안 고플지라도 난 배가 고프거든.
우린 이 자전거 때문에 정력을 쏟고 인력, 물질까지 쏟았단 말이야.
너 알지? 그렇지? 자, 담배 한 대 피우자. 피워, 피워 봐. 괜찮아.

朋友 : 너 담배 피우라고 준 거야?

螳螂 : 너 할 짓이 없어서 걔한테 담배 피우라고 주

朋友 : 넌 몰라, 이런 촌놈! 이런 걸 '친한 척한다'라고 하는거야!

螳螂 : 너 걔한테 무슨 말을 끌어 내려는 거야? 정말 웃기는 놈이네!

朋友 : 어때, 친구들? 샤오지엔, 어때? 형씨들, 시원스럽게 한 마디 해 봐!

27

秋生 : 한 사람이 하루씩? 이건 또 무슨 방식이야? 동의했어? 그럼 자전거 없는 날은 어떻게 하려구?

女儿 : 엄마, 좀 보세요. 내가 말해도 엄마는 믿지를 않으니!

老板娘 : 홍친, 너 여기서 뭐하는 거야? 가자, 집에 가서 다시 얘기하자.

秋生 : 이 자전거는 별 문제는 없어, 그저 좀 보기에 낡았을 뿐이고, 타기에 좀 무거울 뿐이지, 전

체적으로 그리 좋지는 못 해. 뭘 보는 거야?

28

小坚: 야, 넌 이름이 뭐야?

小贵: 궈리엔꾸이.

小坚: 난 샤오지엔이야.

29

秋生: 정말 생각도 못 했어! 알고 보니 뜻 밖에도 보모였더군.

小贵: 누구 얘긴데?

秋生: 네가 부딪혔던 걔, 늘 간장 바꾸러 오던 그 여자.

小贵: 그 여자가 어쨌는데?

秋生 : 주인 몰래 하이힐 훔쳐 신고, 옷도 훔쳐 입고. 게다가 몰래 옷까지 훔쳐 팔았다가 주인에게 들켰대.

小贵 : 그래서 어떻게 됐는데?

秋生 : 그만 뒀겠지, 사라졌대. 내가 만약 일찍 알았더라면, 그 여자애도 농촌에서 왔대.

30

大欢 : 불! 자전거 좋은데! 응?

31

小坚 : 네 에미 X이다!

32

小坚: 이 자전거 네가 가져 가! 다음에 다시 타고 오지 말고. 난 필요 없어.

大欢同伙: 여기야! 빨리! 빨리! 저 놈 좇아!

小坚: 왜 날 따라 오는 거야? 너 맞고 싶어? 빨리 뛰어! 나 따라 오지 말고! 너대로 가란 말이야!

大欢同伙: 저 놈 잡아! 저 쪽이야!

大欢同伙: 멈춰! 거기 서! 돌아 와!

大欢同伙: 거기 서! 멈춰! 네가 뛰어 봤자지……

大欢同伙: 너 이 멍청한 게……

小坚: 야, 이 멍청한 놈!

小贵: 난 길을 모르겠어! 쟤들이 날 왜 좇는 거지?

小坚: 가라니까! 어서!

大欢: 저 새끼 끌어 내려! 못 가게 해!

大欢同伙: 왜 그래?

小贵: 나하고 관계없는 일이에요.

大欢同伙: 어딜 도망 가?

小贵 : 　진짜 나하고 관계없는 일이에요. 진짜 나랑 관계없는 일이에요.

大欢同伙 : 어딜 도망 가?

小坚 : 　씨발! 너 이 새끼들 사람을 괴롭혀! 때려 봐!

大欢 : 　가자!

小贵 : 　나하고 관계없는 일이에요! 나하고 관계없는 일이에요! 내 자전거 돌려줘……
자전거 돌려 주라구…… 나하고 관계없는 일이에요.!
나하고 관계없는 일이야! 돌려 줘! 돌려 줘! 제발……
내 자전거 부수지 마……

▌**임영택(林永澤)**

- 단국대학교 중어중문학과 학사
- 베이징대학 중국언어문학과 석사
- 베이징대학 중국언어문학과 박사
- 서울디지털대학교 중국학부 교수 역임
- 現 서울신학대학교 중국어과 교수

스크린 속의 중국어 학습
북 경 자 전 거

초판 1쇄 인쇄   2012년 02월 20일
초판 1쇄 발행   2012년 02월 29일
초판 2쇄 발행   2015년 09월 25일

역   자 | 林永澤
펴 낸 이 | 김미화
펴 낸 곳 | **인터북스**

주   소 | 서울시 은평구 대조동 221-4 우편번호 122-844
전   화 | (02)356-9903
팩   스 | (02)386-8308
전자우편 | interbooks@chol.com
등록번호 | 제311-2008-000040호

ISBN   978-89-94138-27-5   13720

값 : 10,000원

※ 파본은 교환해 드립니다.